KB118506

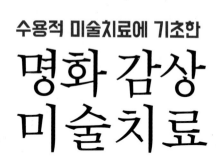

수용적 미술치료에 기초한

명화 감상 미술치료

·····

정여주 저

Art Therapy
with Appreciation
of Famous Paintings:
Receptive Art Therapy

학지사

머리말

　필자는 중학생 때 쿠르베의 작품인지도 모르고 〈파도치는 바다〉에 매료되어 언젠가 이 그림이 있는 미술관을 가 보리라 다짐했었다. 유학 시절, 그토록 보고 싶었던 명화들을 만나러 미술관에 가는 것은 큰 즐거움이었다. 공부를 마치고 귀국하기 전날, 혼자 미술관에 들러 종일 칸딘스키의 그림을 감상하면서 유학 생활을 마감했다. 미술치료사가 되고 싶었던 필자에게 미술 감상은 언제나 미술치료에 관한 질문에 답을 주는 밑거름이 되었다.

　슈만이 "인간의 마음속 깊은 곳에 빛을 비추는 것이 예술가의 사명"이라고 했듯이, 예술 작품은 우리의 정신과 마음에 빛으로 남는다. 언젠가 긴 시간 기차를 타고 북해 근처의 놀데 미술관을 방문한 적이 있었다. 미술관에 도착하자 이미 마감 시간이 되어 난감하던 차에, 필자의 간절한 마음을 읽은 미술관 직원의 도움으로 그의 집에서 하루 머물 수 있게 되었다. 그리고 다음 날 아침, 다시 찾은 미술관에서 놀데의 작품들을 만났던 경험은 아직도 감사와 흥분의 기억으로 남아 있다. 수없이 찾아간 쾰른 발라프 리하르츠 미술관과 콜비츠 미술관에서 받은 위로의 시간도 잊을 수 없다. 프리드리히의 한 작품을 만나기 위해 찾아간 함부르크 미술관에서 그 작품 앞에 섰을 때의 떨림, 크뢸러 뮐러 미술관에서 고흐의 자화상을 찍으려 했을 때 필자를 응시하는 그림 속 시선에 놀라 사진기를 떨어뜨릴 뻔한 상황도 모두 마음에 깃든 빛과 같은 시간이다.

모든 예술 작품이 자신만의 빛을 밝히며 조용히 이야기하는 것을 감상하는 것은 놀라운 체험이다. 미술치료에서 내담자의 그림이 자신의 삶을 서사적으로 표현한다는 것을 경험하면서 다시 한번 미술의 힘을 느끼게 되었다. 미술치료에서는 일반적으로 내담자의 미술 활동과 미술 작품에 많은 비중을 두고 있다. 그러나 미술의 표현과 감상 영역에서 감상인 수용미학 관점, 즉 미술가의 작품을 미술치료에 접근하는 모델은 많지 않다. 최근 들어 미술치료사들이 명화 혹은 조형 예술품의 감상을 미술치료에 적용하고 있지만, 이론과 실제 활용 자료의 미비함에 어려움을 겪는다는 이야기를 자주 듣곤 했다.

예술가 작품의 감상도 미술치료 모델에 중요한 의미를 지니기 때문에, 이러한 내용을 책으로 출판하고자 결심하였다. 이 책은 명화 감상 미술치료인 수용적 미술치료의 이론과 실제를 다루고 있다. 이론편의 1장에서는 보는 것과 감상의 의미와 차이점을 살펴본 '보는 것과 감상', 예술이 인간에게 미치는 영향과 예술의 역할 등을 다룬 '왜 예술인가', 예술가와 예술 작품과 감상자의 상호관계, 특히 심리 정서적 관계를 탐색한 '예술가, 명화, 감상자의 관계'라는 제목으로 내용을 살펴본다. 2장에서는 명화 감상의 치유력과 치료적 특성에 따른 각 요인을 분석하여 제시하면서 치료적 의미를 논의한다. 3장은 명화 감상 미술치료인 수용적 미술치료의 개념과 목적, 유형, 접근방법과 미술치료사의 역할을 모색한다. 실제편에는 미술치료, 미술치료 교육 워크숍에서 명화를 적용하며 치료적 관점을 탐색했던 필자의 경험에 근거하여 구성한 프로그램을 제시한다. 여기에 100편의 명화를 미술치료 관점에서 선정하여 주제, 목표, 화가와 작품, 매체와 과정, 그리고 주제에 관련된 다른 작품도 소개한다. 책 출판을 준비하면서 더 많은 회화 작품과 조각 작품도 소개하고 싶었으나 이 책에서는 명화로 한정하고자 한다.

아직 부족한 점이 많지만 이 책이 수용적 미술치료 연구의 활성화에 조금이나마 도움이 되기를 바란다. 또한 미술치료사가 임상 현장에서도 창의적으로 활용할 수 있으며, 그러한 시도가 내담자에게 위로와 희망과 용기를 얻는 데 적용되기를 바라 마지않는다. 시대적 변화에 따라 디지털 미술치료와 비대면 온라인 미술치료가 활성화되는 상황에서 예술가의 작품들을 수용적 미술치료로 적용하는 방안도 활성화되리라 기대한다. 그리고 미술치료사뿐 아니라 일반인도 이 책의 명화 감상을 통하여 마음의 치유를 경험할 수 있기를 바란다.

이 책의 출판을 위해 기꺼이 지지해 주시고 도와주신 학지사 대표님, 직원분들, 특히 편집에 많은 수고를 해 주신 최주영 과장님께 깊은 감사를 드린다. 많은 그림의 소재지를 꼼꼼하게 점검하고 정리해 준 좌유선, 모소현과 오혜록 박사과정 제자에게도 고마움을 전한다.

2021년 초여름의 6월에

CHAPTER 3 _ 수용적 미술치료 • 93

II. 실제편

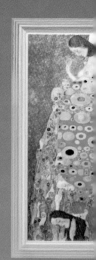

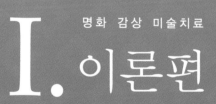

명화 감상 미술치료

I. 이론편

CHAPTER 1

명화 감상

1. 보는 것과 감상

오늘날 우리는 IT산업, 정보통신의 괄목할 만한 발전으로 정보혁명과 멀티미디어, 디지털 시대에 살며 편리함과 신속함의 풍성한 혜택을 누리지만, 다른 한편으로는 매 순간 방출하는 전 세계의 정보와 이미지의 홍수 속에서 생활한다. 광고, 스마트폰, SNS, 영상, 이미지 등을 통한 시각적 의사소통이 어느 시대보다 일상의 중요한 이슈다. 우리는 언제 어디서나 손안의 모바일 기기에서 원하는 모든 정보를 찾아내며, 영상 및 동영상이나 이모티콘 등으로 대화와 만남을 주로 하는 영상 소통의 사회에 살고 있다. 말보다 보는 것이 소통의 중요한 역할을 하면서 우리는 보는 것이 언어를 대신하는 현상에 익숙해져 있다. 이처럼 우리가 그림 문자, 그림, 동영상, 광고, 영화와 같은 시각 메시지나 이미지를 언어 메시지보다 훨씬 빠르고 쉽게 수용하는 것은 이러한 매체가 '실제 세계와 더 비슷하여 정서적으로도 언어보다 더 영향을 받을 수 있기'(Schuster, 2000) 때문이다.

보는 것은 자율적 시감각 활동으로, 우리는 능동적이든 수동적이든 모든 존재를 보게 된다. 눈을 감아도 우리에게 이미지가 보이며 꿈에서도 보는 행위는 계속된다. 이 때문에 우리는 보는 것을 일상에서 당연히 누리는 공기처럼 여긴다. 보는 것, 보이는 것은 인간의 의식이나 의도와 무관하게 끊임없이 자극과 영향을 주는 강력한 시감각 현상이며 자율적, 무의식적 반응이다. Berger(1972/1995)는 보는 것은 말보다 앞선 행위로서 어린아이는 말을 배우기 전에 사물을 보고 인지한다며, 보는 것의 의미와 중요성을 제시한다. Arnheim(1954/2003)은 보는 행동 모두는 '시각적 판단(visual judgement)'으로, 이것은 보는 행위 자체의 직접적이고 필수적인 요소라고 규정한다. 그는 본다는 것에는 '단번에 보아 버리는 본질'이 있어, 지식에 의한 첨가가 아닌 즉각적으로 지각되는 통합적 요소를 지닌다고 한다. 이에 근거하여 Arnheim은 시각의 힘은 지각, 감각 또는 사고하는 것만큼 심리학적 실재성을 갖는다는 것을 입증하고자 한다.

독일의 철학자 Wittgenstein(1977/2019)은 '본다'라는 것에서 색맹과 색맹 상태에 대해 논하면서 "이러저러한 것을 배워 익힐 수 없는 사람들이 존재한다는 것은 하나의 현상이다. 이 현상이 색맹 상태다. 그러므로 색맹 상태는 하나의 무능력이지만, 봄은 능력일 것이다."라고 말한다. '보다'는 "사물의 모양을 눈을 통하여 알다."(민중서림편집국, 1999)라는 사전적 의미를 지닌다. '관찰한다'는 '사물의 현상이나 동태 따위를 주의하여 잘 살펴본다'로 사용된다. Wittgenstein은 '관찰하거나 주시하거나 바라보는 것은 같은 것이 아니며' 우리는 '보이지 않는 것을 보기 위해 관찰한다'라고 그의 철학적 견해를 펼친다. 살펴보기와 관찰은 모두 '보다'를 전제하면서 의도를 가지고 대상에 대해 정신을 집중하여 보는 행위다. Herman(2016/2017)은 사람들은 '본다'와 '관찰한다'의 용어를 혼용하지만, '보는 것은 이미지를 자동적이고 무의식적으로 기록하는 과정'이며, '관찰은 똑같은 것을 보면서도 의식적이고 신중하고 진지하게 생각하면서 기록하는 과정'이라고 차이점을 제시한다.

반면, Berger(1972/1995)는 '본다'라는 행위가 자극에 단지 기계적으로 반응하는 것이 아니라 주시하는 것만을 보게 됨으로써, 보는 행위는 우리가 어디에 있는지를 결정한다고 주장한다. 그에게 보는 것은 주시하는 의미 차원을 지니며, 대상을 의식하여 보는 선택의 행위로서 단순하게 보는 차원의 깊이를 심화하고 확장한다. 즉, 그는 '주시하는 것은 선택의 행위'로서, '주시하는 것만이 그 사람의 행동반경에 들어와 보이는데, 사물을 바라보는 시각은 그 사람의 지식과 신념'에 근거한다는 것이다. 이런 점에서 Berger가 제시한 '보는 것'은 Arnheim과 Wittgenstein이나 Herman이 제시한 의미와 다르지 않다.

보는 것이 전제되는 '감상(鑑賞)'은 '예술 작품을 깊이 음미하고 이해'하는 행위로 주시하는 '선택의 행위와 평가'가 동반된다. 예술 작품을 '보는 것'은 일상에서 보는 것이나 무의식적으로나 꿈에서 보는 것과 다른 차원으로, 통상적으로 말하는 보는 것 이상의 의미를 지닌다. Berger는 미술로 대표되는 이미지의 이해와 감상은 우리 자신이 그것을 어떻게 보느냐에 달려 있다고 한다. Herman(2016/2017)은 "미술 작품을 보고 어떤 상황인지 말할 수 있다면, 날마다 일상적으로 접하는 장면에 관해서도 말할 수 있다."라고 한다. 다시 말해서, '미술은 우리에게 복잡한 상황뿐 아니라 단순해 보이는 상황까지 분석할 기회를 준다.'라는 것이다. 그녀는 "미술은 우리를 일상에서 벗어나게 하여 평소 보고 지각하고 소통하는 방식을 다시 생각하게 한다."라며, 특히 우리가 그림을 보고 당혹스러워하는 순간은 자신의 내면으로 대화할 수 있는 영감을 받는 순간이라고 강조한다.

감상자에게는 미술관에서 화가의 작품을 감상하는 것이 가장 직접적이고 생생한 미적 체험이다. 그러나 그렇지 못할 때는 화집이나 영상을 통해서 작품을 만날 수 있다. 오늘날은 IT 산업과 영상 기술의 발전으로 누구나 컴퓨터나 스마트폰을 통해 전 세계, 모든 시대의 예술 작품을 어디서든, 언제든지 즉각 찾아내어 감상할 수 있다. 예술에 관심을 가진 사람은 누구든 예술가, 예술 작품, 전 세계의 미술관 등을 인터넷 웹사이트에서 찾을 수 있다. 이를 통해 우리는 명화 및 예술 작품과 예술사조, 예술가와 예술사적 업적에 대한 '정보' 및 '지식'을 쉽게 얻는다. 나아가 우리는 원하는 복제품을 크기와 액자까지 선택할 수 있는 웹쇼핑 방법을 통해 곧바로 자신이 원하는 장소에 걸어 둘 수도 있다. 우리는 이처럼 예술 작품에 대한 정보를 미술관, 박물관의 홈페이지나 온라인 홍보를 통해 손쉽게 얻게 되면서, 어느 때보다 그곳을 쉽게 찾거나 온라인 감상법을 새롭게 경험할 수 있다. 미술관이나 박물관에는 전 세계의 관람자들이 북적이거나 다양한 작품을 오프라인과 온라인으로 함께 즐길 수 있는 것도 시대적 현상과 무관하지 않다.

이런 변화는 얼마 전만 해도 생각할 수 없던 현상이다. 21세기를 사는 우리는 이런 방식으로 미술 작품을 만나며 집에서 작품 구매를 하거나 미술관을 방문하고 싶은 자극도 받는다. 그러나 2020년 시작에 전 세계를 강타한 코로나19 팬데믹으로 '사회적 거리두기'가 세계적 행동강령이 되어 미술관, 박물관 연주회장 등이 폐쇄되는 상황이 벌어지고 있다. 이를 극복하기 위하여 비대면 화상을 통한 다양한 방식의 창의적 감상 방안이 개발되고 있다. 미술관들은 앞 다투어 온라인 언택트(untact) 전시로 명화와 다양한 미술 작품을 무료 제공하여 관람객의 감상 욕구를 충족해 주려고 기획한다. 이런 상황에 명화의 원작품을 감상하고 미술관 분위기와 그 공간에 흐르는 고요한 기운과 분위기를 체험할 수 없는 것이 관람객에게는 매우 안타까운 일이지만, 전 세계가 고통과 상실을 겪는 상황에 이런 방안은 예술 감상이 주는 공감과 위로와 마음의 평화가 얼마나 중요한지 되새겨보게 한다.

이미지나 영상으로 소통하는 것이 일상이 된 시대에 명화 감상은 어떤 의미와 의의가 있는가? 사람들은 왜 미술관에 가는가? 왜 예술 작품을 보려고 하는가? 어떤 목적을 가지고 그곳에 가는가? 관람객은 그곳에서, 작품에서 무엇을 바라는가? 미술 작품은 감상자에게 어떤 영향을 미치는가?

어떤 의도로 미술관을 가든 우리는 미술 작품을 만나게 된다. 관람객은 어떤 작품을 스치듯 훑어보며 지나가고 어떤 작품 앞에서는 끌리듯 오랫동안 감상한다. 어떤 관람객은 작품 앞에서 신선한 충격으로 감탄하지만, 다른 관객은 같은 작품이라도 아무 느낌도 못 받거나 심지어 실망하여 혹평할 수도 있다. 관람객 모두가 같은 인상과 느낌을 받을 수 없다. 화가는 한 사람이지만 감상자는 수없이 많으므로, 감상 내용과 개인적 인상과 느낌은 제각각 다를 수 있다. 감상은 감상자 개인의 몫이며 그의 미적, 심리적, 정서적 차원에 해당하며 개인의 인생사와 관련될 수 있다. 때로 감상자는 어떤 시대를 대변하는 작품에서 그 당시의 심리 · 사회적 인상을 받으며 자신의 시대와 비교할 수 있다.

Herman(2016/2017)은 미술에는 "관찰과 지각과 소통 기술을 연마하는데 필요한 모든 것이 담겨 있다."라고 강조하면서, 작가 Merkin이 미술관에서 경험한 당혹감의 사례를 제시한다. Merkin은 암스테르담 레이커스 미술관에서 '휴대전화 부대'가 Jan Vermeer의 걸작품을 찍는 데 몰두했기 때문에, 자신은 그 작품을 제대로 감상하지 못했다고 하면서, 그런 상황을 만드는 감상자들에 대해 다음과 같이 쓴다. "자신의 수정체로는 부족해서 모든 것을 부차적인 LCD 화면으로 걸러 내는 것이다. 결국 자신의 감각과 지각과 감정이 제거되고 분리된 채 살게 된다."(Herman, 2016/2017에서 재인용, p. 42). 또한, Gombrich(1995/2017)는 "위대한 예술 작품을 감상하는 데 있어서 제일 큰 장애물은 개인적인 습관과 편견을 버리려고 하지 않는 태도"라고 한다. 나아가 그는 "미술에는 언제나 발견해야 될 새로운 것들이 있다."라고 역설한다.

Herman은 미술을 감상하는 사람은 스스로 자신을 신뢰하길 바라며, 자신의 뇌가 어떤 기기보다 효과적이기 때문에, 뇌를 다시 가동하기를 바라는 태도에서 휴대전화로 사진찍기를 저지한다. 그녀는 미술 감상법으로 그냥 보기, 무엇이 보이는가? 보이는 것을 머릿속에 담아두거나 종이에 적어보기를 제안한다. 이는 필자가 독일에서 미술치료 수업에서 경험한 것을 기억하게 한다. 어느 날 교수님이 Turner의 풍경화를 가져와서 누구의 작품이라고 말하지 않고 학생들에게 네 시간 동안 그림을 보게 하고 무엇이 보이는지 질문하셨다. 우리가 처음에 서로 보이는 것을 말하고 얼마 후에 말을 멈추자, 교수님은 더 보이는 것이 없는지 계속 물어보셨다. 그런 후에 교수님은 그 그림을 어떻게 느끼는지 질문하셨다. 우리는 서로 다른 느낌을 말하면서 그림에

집중하여 오래 보는 것과 볼수록 새로운 것을 발견하고 느낌도 달라지는 현상에 관해 신기해하며 이야기를 나누었다. 그날의 수업은 오랜 세월이 지난 지금도 강렬한 기억으로 남아 있다. 그냥 단순히 보기, 보이는 것을 말하기, 자신의 목소리를 듣기, 주의를 기울이기, 집중하기, 그리고 느끼기….

Klee(1991)는 "미술은 눈에 보이는 것을 재현하지 않고, 눈에 보이게 한다."라고 주장한다. 그는 예술가가 집을 짓듯 시간을 들여 그린 것을 감상자도 시간을 들여 감상하게 된다고 한다. 감상은 감상자가 작품 앞에서 자기 존재와 만나고 자기 인식을 하고 자신을 드러내는 행위다. 감상자가 어떤 작품에 유난히 끌리는 것은 왜일까? 혹은 작품이 감상자를 끌어당기며 그 자리를 쉽게 못 뜨게 하는 것은 아닐까? 감상자는 그 작품으로 자신의 외적, 내적 상황이나 기억과 맞닥뜨리는가? 특히 자신이 좋아하거나 놀라움을 느끼거나 압도당할 듯한 내용이나 색채나 형식이 그 작품에 있는가? 아니면 감상자는 아무런 이유 없이, 이유를 알 필요도 없이 끌리는 채로 서 있을 수도 있다.

이 과정에서 작품과 감상자 사이에 보이지 않는, 비언어적 만남과 상호관계가 이루어진다. 이런 관계는 "우리가 산을 볼 수 있으면, 산도 우리를 볼 수 있는 시각적 상호성(相互性)으로, 이는 대화보다 더 근원적"이라고 한 Berger의 말을 상기시킨다. 또한, "감상자가 할 일은 예술가의 작업 과정처럼 시간을 들여 작품을 찬찬히 들여다보며, 새로운 것을 인식하기 위해 과거의 것을 포기해야 한다."는 Klee(1991)의 말은 예술에서 감상자와 예술가의 관계성을 재인식하게 한다. Dannerker(2015)는 수많은 관람자가 미술관으로 밀려들어 작품들을 감상하는데, 그들은 여기서 단지 보는 행위 이상을 경험한다고 강조한다. 즉, 감상자는 작품 앞에서 자기 '감정이 개입되고, 판타지와 기억들은 자극을 받고, 더 나아가 자신만의 생각이 시작'되기 때문이라는 것이다. 감상자의 감정 개입은 감상자에게 마음을 움직이게 하여, 일상에서 이성적, 합리적인 사고에 에너지를 많이 쏟았던 자신이 감정을 닫거나 누르고 지냈다는 것을 인식하게 한다. 사물을 바라보는 시각은 Berger가 말한 '지식과 신념'에도 근거하지만, 다른 예술과 마찬가지로 명화 감상은 감상자의 심리적 상황, 마음 상태와도 밀접한 관계가 있다. 우리는 심리적 상황이나 마음 상태에 따라 과거에 보던 대상을 달리 보는 경험을 한다. 이처럼 감상을 통한 마음의 거울 보기와 작품과 자신과의 동일시로 감상자는 감상의 깊고 넓은 길에 들어서게 된다.

미국의 추상화가 Rothko는 그의 작품 전시 기획자인 Kuh에게 전시장의 작품 배치에 대해 의논하면서 "나는 제일 큰 그림도 걸 생각입니다. (관람자가) 아주 가까운 곳에서 처음으로 마주치는 것이 큰 그림이 되도록 말입니다. 그렇게 하면 (관람자의) 최초 체험은 그림에 들어가는 것이 될 것입니다. 그렇게 함으로써 관람자에게 자신과 나머지 그림들과의 이상적인 관계 속으로 들어갈 열쇠를 줄 수 있을 것입니다. …… 당신이 (나의) 작업실에서 느꼈던 것처럼 그림이 도착하면 따뜻함을 느낄 수 있기를, 그리고 전시회 내내 그 느낌이 지속하기를 바랍니다."(Cohen-Solal, 2015)라고 말했다. 이후 Kuh는 Rothko의 작품을 감상하는 것은 사고(思考)보다 느끼는 과정에 가깝다면서, "관람자는 단순히 그의 캔버스를 바라보기보다 그곳에 들어가게 된다."라고 쓴다.

감상자는 자신의 심리적 상황에 따라 작품이 다르게 보이거나 달리 느껴지며, 그것에서 어떤 새로운 것을 발견할 때가 있다. 이런 경험은 작품 자체가 변한 것이 아니라, 감상자 자신이 변했다는 것을 발견하며, 그 작품 감상이 자신에게 주는 영향이 무엇인지 되묻거나 감상의 여운을 간직할 수 있다. Cézanne에게 그림을 그리는 것은 고요와 침착함과 하루의 일과를 위한 정서를 발견하는 새벽기도와 같은 의미(Clausen, 1994)인 것처럼, 감상자도 이와 같은 체험을 할 수 있다. 나아가 예술 감상은 '정신이라는 최고 자유의 영역'(Dilthey, 1984/2017)에 들어서는 것과 다름없다. Herman(2016/2017)은 미술 작품 감상과 관련하여 Ververidge의 "관찰은 단순히 대상을 수동적으로 바라보는 것이 아니라 적극적으로 관여하는 정신 과정"이라는 말을 인용하면서, 감상자가 이러한 점을 인식하게 되면 감상의 여정은 이미 시작되었다고 한다.

2. 왜 예술인가

기원전 그리스 철학자 Platon은 저서 『국가(Politeia)』(2015)에서 정치가들은 젊은이들에게 양질의 교육을 해야 한다고 강조한다. 그는 그중에도 예술교육의 중요성을 설파했는데, 예술 작품은 젊은이들에게 좋은 영향을 주며, 어릴 적부터 자신도 모르는 사이에 "아름다운 말을 닮고 사랑하고 또 공감하도록 이끌어주기" 때문이라는 것이다. 나아가, 그는 예술교육은 "인간 혼의 내면으로 깊이 침투하여 혼에 가장 큰 영향을 끼친다."라고 하면서, 좋은 예술과 나쁜 예술의 영향력을 제시한다. Platon에게 좋은 예술이란, '인간의 정신과 정서와 도덕의식을 함양'하는 것이다. 독일의 문학가며 미학자인 Schiller(1802/2000)도 예술과 인간은 하나가 될 수 있어서, 예술교육이란 인간을 완성하는 유일한 길이며, 인간은 예술의 미(美)를 통해 "아름다운 혼 (Schöne Seele)"에 이르게 된다고 역설한다.

독일의 철학자 Schopenhauer(1859/2019)는 『의지와 표상으로서의 세계 (Die Welt als Wille und Vorstellung)』 저서에서 "예술은 순수 직관으로 파악된 영원한 이념, 즉 세계에 있는 모든 형상의 본질적인 것과 영속적인 것을 재현 한다."라고 강조하면서 재현의 소재에 따라 시, 음악, 조형예술이 된다고 한 다. 그에 의하면, "예술의 유일한 기원은 이념의 인식이고, 예술의 유일한 목 적은 이런 인식의 전달이다."

러시아의 대문호 Tolstoy는 수많은 문학작품을 저술하면서도 노년에 이르 기까지 '예술은 무엇인가? 무엇이어야 하는가? 예술의 목적과 역할은 무엇인 가?'라는 물음의 끈을 놓지 않았다. 그는 이에 대한 사유를 고전(古典)으로 알 려진 『예술이란 무엇인가(What is Art)』(1897/2007)로 펴냈다. Tolstoy는 '예술 은 사람과 사람을 연결하는 수단'이라고 강조하면서, 진정한 예술 작품과 그 렇지 않은 예술 작품의 근거를 제시한다. 즉, '예술가가 깊이 느낀 감정에 청 중이나 관객이 감동하면, 그것은 예술'이며, 진정한 '예술 활동이란 예술가가 인간이 경험한 감정을 자신이 환기하여 타인에게도 같은 감정을 경험하게 음 악, 문학, 미술의 형식으로 표현하는 것'이다. Tolstoy에게 예술의 대표적 특 성은 예술가가 경험한 감정으로 자신의 예술 형태를 통해 다른 사람, 즉 감상 자에게 감동을 주는 것이다. 이러한 점에서 Tolstoy는 '예술은 쾌락이 아니 라, 사람과 사람을 연결함으로써 함께 같은 감정을 결속하게 하고, 온 인류의 행복으로 이끄는 데 없어서는 안 될 수단'이라고 설파한다. 그에게 예술의 목 적은 '인류의 행복을 위하여 냉담하고 또 불필요한 감정을 좀 더 친절하고 필요한 다른 감정으로 바뀌도록 하는 것'이다.

Tolstoy에게 '예술은 인간의 감정을 바꾸게 하며, 진보와 완전을 향해 정진하는 인류 운동의 한 수단'이다. 그는 이러한 사색과 통찰을 통해 인간 "감정의 진화는 예술을 통해 이루어진다."라고 역설한다. 그는 예술의 역할은 논리적으로 이해되지 않고 접근하지 못하는 것을 이해시키고 느끼게 하는 것이며, 예술가는 내적 욕구에 따른 자기감정을 자신만의 개성과 확실성으로 표현해야 한다고 강조한다. Tolstoy는 저서 마지막에 예술 작품의 가장 중요한 점은 '예술가의 진지함'이라고 강조한다. 그의 역설처럼 예술가의 진지함은 우리 감상자에게도 시공간을 초월하여 전달된다.

Schiller(1802/2000)는 칼리아스 편지에서 예술의 미(美)를 두 가지로 제시한다. 첫째는 선택 또는 소재의 미(美)며, 둘째는 표현 또는 형식의 미(美)다. Schiller는 후자인 표현 또는 형식미가 없이는 예술가란 존재하지 않으며, 이 둘의 결합이 위대한 예술가를 만든다고 한다. 그는 선택의 미에서는 예술가가 무엇을 표현하며, 형식미에는 예술가가 어떻게 표현하는가를 주목해야 한다고 주장하는데, 그 이유는 '전자인 선택의 미는 미의 자유로운 표현이며, 후자인 형식미는 진리의 자유로운 표현'이기 때문이다. Schiller는 예술의 모든 위대한 구성이 전체적 효과를 얻기 위해서 개체는 제약을 받아들이는 것이 필요하며, 개체의 제약이 개체의 자유에서 만들어진 결과라면, 구성이 아름다운 것이 된다는 것이다. Schiller는 '미(美)는 자기 스스로에 의해 통제되는 힘이며, 그 힘에서 나오는 제약'임을 강조한다.

Tolstoy와 같은 시대를 살았던 독일의 철학자인 Dilthey는 삶은 형이상학적, 개념적 설명이 아닌, 직접 체험하고 이해하는 것이라는 '생(生)의 철학, 삶의 철학(Lebensphilosophie)'에 관한 사유를 펼쳤다. 그는 체험(Erleben)이란 인간이 '내적 확신을 통해 직관적이고 자발적이며 무의식적인 방법으로 포괄적인 지식에 도달할 중요한 기회'(Kossolapow, 1975에서 재인용, p. 275)라고 한다. Dilthey는 생의 체험에 무엇보다 미적 교육과 예술을 강조했다. 그에게 중요한 것은 '예술 자체가 아닌 예술체험을 통한 고양된 인간'이다. 즉, 예술은 확장된, 판타지를 성취한, 체험 능력이 있는, 고양된, 더 자유로워진, 활력 있는 존재를 상징하며, 예술 작품은 영혼을 활성화하고 표현할 기회뿐 아니라, 예술가의 정신적 행위로 영적 활력을 향상하는 것이다.

나아가 Dilthey는 '예술은 가장 순수한 삶의 표현'으로서 위대한 예술은 '삶의 수수께끼에 대한 체험'을 제시하는 것이라고 역설한다(Palmer, 1969/2011). Dilthey(1984/2017)는 삶과 사물의 가치 향유에 대해서 우리는 삶의 긴장에서 벗어나 이러한 향유에서 휴식을 취하는데, 예술은 그곳에서 전개되는 공기와 같다고 한다. 그는 "예술의 가장 고유한 점은 자유로운 유희의 영역에 체류하는 것인데, 이 영역에서 동시에 삶의 의미가 가시적으로 된다."라고 강조한다.

Dilthey는 Schopenhauer의 주장처럼 예술가의 창조는 "모든 역사적 관계를 초월해서 항상 그리고 어디서나, 삶을 성취하는 것과의 시대를 초월한 곳까지 상승한다."라고 한다. Dilthey의 이러한 관점은 예술가의 체험뿐 아니라 감상자 체험에도 영향을 미친다. Dilthey가 '작품은 인간의 내면적 세계와의 관계'로서, '예술은 우리가 그 속에 사는 삶의 원천을 표현해주는 정신적 자양분의 형식'(Palmer, 1969/2011)이라고 한 점에서, 예술에서 감상자의 존재와 그 역할의 중요성도 함축되어 있다.

Freud(1986)는 그의 저서 『토템과 금기(Totem und Tabu)』에서 우리 문화에

오직 예술영역만이 '사고(思考)의 전능성(全能性, Allmacht der Gedanken)'을 보존하고 있다고 한다. 그에 의하면, 소망하는 사람은 예술적 판타지 덕분에 예술을 통해 자신이 소망하는 것을 실제 성취한 것 같은 효과를 얻는다. 이런 점에서 Freud는 예술은 마법과 같으며, 예술가는 마술사와 같다고 한다. 이와 관련하여 감상자도 예술을 통해 자신의 의식적, 무의식적 소망이 이루어지는 경험을 할 수 있게 된다.

화가 Matisse는 예술의 역할을 다음과 같이 쓴다. "나는 노예처럼 자연을 베끼지 못하며, 자연을 해석하고 자연을 그림의 정신에 적용하고 싶은 감정이 몰려든다. 내가 표현하는 모든 색채는 생동적 색채의 화음과 음악처럼 조화로 연결되어야 한다."(Essers, 1993) 그는 다른 글에서도 "화가의 사명은 책처럼 역사의 사건을 묘사하는 것이 아니다. 회화는 더 고양된 견해를 갖는다. 예술가는 자신의 내적 비전을 표현하는 사명을 가진다."라며 화가의 임무와 역할을 강조한다. 이에 감상자는 화가가 표현한 정신과 조화와 내적 비전을 음미하고 소통하며 내면화하는 체험을 하게 된다.

Kandinsky도 진보의 명목으로 급속하게 기계화로 변하는 사회에서 인간의 삶에 균형을 잡아 줄 수 있는 것은 예술이며, 사회의 균열을 회복할 수 있는 것도 예술이라고 강조한다(Bill, 1955/2001). Kandinsky(1952)는 그의 저서 『예술의 정신적인 것(Über das Geistige in der Kunst)』에서도 예술의 중요성을 역설한다. 그는 "예술 작품은 외적 요소와 내적 요소로 성립되는데, 예술가는 형식만을 따르는 것이 아니라, 그 안에 미래의 씨앗을 가진 정신에 봉사하는 것"이라고 주장한다. Kandinsky의 주장은 Socrates가 조각가의 임무는 단순히 육체적 특징만을 모방하는 것이 아니라, '영혼의 작용'도 드러내야

한다고 주지시킨 것(Gombrich, 1960/2003)과 일맥상통한다. 또한, Kandinsky
는 "미술의 본질은 항상 불변한다."라는 견해와 그것의 이해력과 직관의
중요성을 강조하는데, 한 예로 '삼각형의 예각이 한 원에 닿을 때는 실제
Michelangelo 작품에 신의 손가락이 아담의 손가락에 닿는 것 못지않은 효
과'(Riedl, 1983/1998)를 갖는다고 한다.

　　20세기 들어서 새로운 예술을 위한 투쟁으로 낡고 조직화된 권력에 대항
하여 생긴 '야수파'에 대해 독일 화가 Marc는 "야수파가 가진 무서운 무기는
새로운 생각이며, 새로운 생각은 강철보다 적을 더 잘 죽이고, 절대 부서지지
않을 것 같은 것들도 깨부순다."(Kandinsky & Marc, 1965/2007)라고 설파한다.
Marc는 야수파 중에 '신동맹'을 설립한 예술가들은 "예술에서 문제가 되는 것
은 가장 심오한 것들이며, 혁신은 단지 예술의 형식적인 것이 아니라 사고의
혁신이라는 것을 깨닫게 해 주었다."라고 평한다. 그는 이런 관점에서 '진리
를 사랑하는 인간 정신에 의해 창조된 인공물은 작품의 관습적인 외면과 상
관없이, 시대를 초월하여 모두 참된 것'이라는 예술의 진정성에 대해 논한다.

　　Marc와 '청기사' 그룹에 속했던 Macke는 인간이 형식을 통해 자신의 삶을
표현하듯, 모든 예술형식(Kunstform)의 외형은 내적 생명의 핵심에서 나온다
고 강조한다(Kandinsky & Marc, 1965/2007). Macke는 "인간의 기쁨과 고뇌가
그 뒤에 숨겨져 있지 않은 예술은 존재하지 않는데, 즉 형식이 그저 아무런
이유 없이 공허하게 만들어진 곳에는 예술이 존재하지 않는다."라고 한다.
Kandinsky도 예술에서 "형식은 내적인 내용의 외적 표현이다."라고 하며, 예
술의 형식을 신격화해서는 안 된다고 강조한다.

　　20세기 초, 1차 세계대전 중 스위스에서 시작된 기존의 사회적, 도덕적 문

명의 속박과 과거 예술의 진지함과 과장된 태도를 경멸하는 반예술(antiart)을 통해 정신을 해방하고 인간 개인의 근원적 욕구에 충실하여 반문명, 반합리적 운동을 표방한 화가들의 다다(Dada)운동(Gombrich, 1995/2017)에서도 그러한 태동을 볼 수 있다. Gombrich는 이 시기 예술가들은 예술이 '시대의 표현'이라는 신념으로, 자아 통제를 벗어나 그들의 작품에 감정분출을 표현함으로써 그 시대의 어려운 심리적 현실을 직시하였다고 평가한다. 그 이후에 예술가들은 어떠한 '주의(ism)'에 한정되지 않고 그것을 넘어선 자유로운 자신들만의 독특한 운동으로 결성하였다가 해체하거나 또 다른 운동으로 새롭게 결성하며 그들의 예술 신념을 발전시켰다(Janson & Janson, 1977).

이처럼 예술가들 사이에서 현대 문명과 기계화로 인한 인간 정신의 황폐화로 예술이 예술을 위한 예술이 아니라, 인간을 위한 예술, 예술이 심리적, 정신적 고통을 회복하는 치료제가 되어야 한다는 문제 의식이 1차, 2차 세계대전을 겪으면서 높아지게 되었다. 미술을 통한 인간의 정신적·심리적 상황과 심리적·사회적 문제의 반영은 두 번의 세계대전을 통해 예술가들의 중요한 주제가 되었다.

20세기 초는 미술뿐만 아니라 다른 예술영역도 기존의 예술 규범을 비판하며 개혁적 예술운동을 펼쳤다. 예술가들의 이러한 운동에는 프랑스에서 시작된 Matisse, Rouault, Dufy, Braque 등의 야수파(Fauvism)와 회화와 정신의 교량이 되기를 지향했던 독일의 Kirchner, Heckel, Nolde 등의 다리파(Die Brücke)가 선구적 역할을 하게 된다(Janson & Janson, 1977). 다리파 영향을 받고 독일에서 출발한 표현주의 화가들은 사물에서 느끼는 감정을 화폭에 직접 표현하는 것을 목적으로 과거의 화풍과 결별하고 자연이나 사물의 형태를 왜

곡하거나 풍자함으로써 감정과 정신적 변화를 그렸다(Elger, 1994; Gombrich, 1995/2017).

표현주의 화가들은 이처럼 작품에 자신과 세계에 대한 감정을 표현했는데, 이들의 모든 작품에는 감정과 질서와 판타지 요소를 포함해야 하는 원칙이 있었다(Janson & Janson, 1977). 즉, 판타지가 없는 회화는 극도로 지겨우며, 질서가 없는 회화는 혼란스럽고 감정이 없는 그림은 감상자에게 감동을 주지 못한다는 것이다. Gombrich(1995/2017)에 의하면, 표현주의 화가는 삶의 현실을 직시하고 불행하고 추한 인간에 대한 연민을 표현함으로써 예술작품의 미추(美醜)를 문제시하지 않았다. 특히, Gombrich는 독일 표현주의를 '보잘것없는 인간의 분노와 복수심을 불러일으키는 데 성공'한 운동이라고 평한다.

초기 표현주의적 회화에는 Gogh, Gauguin, Toulouse-Lautrec의 작품이 있으며, 후에 화풍이 변한 Picasso, Matisse 등도 이에 속했다(Janson & Janson, 1977). 표현주의를 표방한 대표적 화가로는 Munch, Hodler, Nolde, Klee, Kandinsky, Marc, Beckmann, Münter, Schiele 등을 들 수 있다. 표현주의 화가들은 무엇보다 그들의 세계관과 예술가로서 작품과 관련한 메모와 일기와 편지 등을 많이 남겼다.

이후 이러한 운동은 진보와 과학의 가치가 아니라 순수한 정신성으로 미술을 통해 세계를 새롭게 재건하고자 했던 Kandinsky의 추상표현주의로 이어진다(Gombrich, 1995/2017). 미국의 화가 Pollock은 작품의 완성보다 캔버스에 물감을 떨어뜨리거나 붓거나 뿌리는 과정의 행위 자체를 중요시하여 계획된 작품보다 자신의 '자발적 충동'에 따른 액션 페인팅(Action Painting)으로 새로운 방식의 추상표현주의를 탄생시켰다. 이러한 현대 미술은 인간의 무의식을 다룬 Freud의 심층심리학에 영향을 받아 무의식과 꿈의 세계를 탐구하고 표현하는 Dali와 Magritte로 대표되는 초현실주의와 연결된다.

Goethe(1997)는 위대한 예술가는 애호가들이 깊은 경외심으로 작품을 감상하면서 행복을 느낄 수 있기를 바라는데, 그 이유는 예술가란 예술의 내용과 형식을 자기 고유의 깊은 본질에서 불러내기 때문이라고 한다. 인지학(Anthroposophie, 人智學)의 창시자며 Goethe의 색채론에 심취하여 그의 세계관을 연구하며 발도르프 학교 운동을 주도한 Steiner(1921/1991)는 "예술은 영원하다."라고 주장한다. 나아가 Steiner는 "우리가 예술과 정신적인 것의 관계를 받아들일 때, 우리는 비로소 예술을 이해하며, 이러한 이해를 통해 우리는 예술을 즐기며 예술의 정신적인 세계에 빠져든다."라고 한다. Steiner는 진정한 예술가는 고독한 사막에서도 그림을 창조할 수 있다고 강조하는데, 진정한 예술가란 인간에게도 그의 작업을 보여 주지만, 다른 한편에서는 정신적–신적 영역에서 작품을 창조한다는 것이다. 그는 진정한 예술가는 자신의 그림을 감상자가 감탄하는지 아닌지 신경 쓰지 않기 때문에, 완전한 고독 속에서 작품을 할 수 있다고 한다. 그러나 다른 한편으로 Steiner는 예술가의 창작품이 실제 세상과 관여하지 않으면 예술가가 될 수 없다며, 예술의 사회적 사명과 역할을 강조한다.

20세기 초 예술의 대중화와 일상화의 운동인 '예술을 위한 예술이 아닌 인간을 위한 예술'을 위한 움직임이 시작되었다. 후에 독일 화가며 미술교육자인 Beuys(1991)는 현대의 인간성과 문명의 위기인 심리사회 문제, 환경문제를 비판하며 이를 예술로 해결하려고 시도했다. Beuys는 인간의 지식과 능력은 예술의 창의성에서 출발하며, 인간성과 사회의 황폐화를 회복하고 사회의 유기체 역할을 하는 것이, 바로 창의적 활동인 예술 활동이라고 강조했다. 그는 인간적이며 상상력이 있는 건강한 사회 모델을 예술과 연계함으로써 예술의 사회화를 제시한다. 그의 이러한 예술철학은 예술가만이 아니라, 모든 사회일원이 예술을 통하여 인간성과 사회의 회복에 동참하도록 유도하는 것이다.

정신분석가며 자기심리학을 주창한 Kohut(1993)도 예술가들이 시대의 심리사회적 문제를 가장 앞서 다루고 표현하는데 대표적 역할을 한다고 주장한다. Rothko도 "예술은 행동의 형태일 뿐 아니라 사회적 행동의 형태이기도 하다."(Cohen-Solal, 2013/2015)라고 강조한다. 그는 "예술은 사상과 마찬가지로 고유한 생명과 법칙이 있다."라며, "예술은 새로운 세대와 함께 진보하려는 최종 목적에 부응하는 예술가를 통해 생명력을 얻는다."라는 점을 역설한다. 이러한 운동으로 현대인들이 예술에 참여함으로써 생명력을 전파하고 건강한 사회를 창조해 나갈 수 있으며, 미술 감상의 다양한 모색도 이러한 변화에 중요한 역할을 할 수 있다.

Majer(2006)는 1960년대 시작으로 1980~1990년대에 예술과 삶에 대한 강력한 접근을 통한 급진적, 사회적 도전으로 예술가의 사회적 능력과 권한인 사회적, 예술적 능력이 점차 더 요구된다고 본다. 그는 이러한 능력은 예술가의 의사소통 능력, 자기성찰 능력, 윤리적 기본방향 설정과 민감성과 창의성이며, 예술가는 이 능력으로 세계와 개인적 만남을 조형할 수 있다고 본다. 이처럼 예술가의 사명은 자신의 창의적 과정과 작품을 통해 인류의 창의적 욕구를 표현하며, 인간의 정신과 영혼에 영향을 주어 고양된 인간성과 인간성의 회복에 동참한다. 이러한 예술가의 영향력과 소통력은 감상자 혹은 관객과의 관계를 통해 이루어진다.

Arnheim(1954/2003)은 미술 작품을 "사물들을 알아보고, 이해하고, 규정하며, 사물들의 관계를 탐구하고, 점점 까다로워지는 복잡한 질서를 만들어가는 하나의 도구"라고 한다. 그의 말대로 이러한 중요한 도구인 작품을 통해서 감상자도 예술가뿐만 아니라, 자신이 지각하는 작품을 통해 내면의 욕구, 소망, 희망, 절망 등을 인식하고 이해함으로써 정신적 질서에 동참하게 된다. Parsons와 Blocker(1993/1998)는 특히 현대 미술은 감상자가 자신의 미래를 개인적, 사회적으로 보고 이해할 수 있는 거울 역할을 하며, 변화하는 사회에 가치 선택을 가장 감각적으로 탐험하게 해 준다고 역설한다.

미국 Museum of Modern Art에서 개최된 Rothko 전시회 관련 기사에서 Selz는 1958년에 제작된 450cm 크기의 작품들에 대해 감상자로서 경험을 다음과 같이 쓴다. "거대하면서 아름답고 불투명한 표면을 지닌 이 고요한 그림들은 무엇이든 관람자가 가져온 것을 비춰 주는 거울이다······. 그림들은 인간적인 감정, 욕망, 관계를 직접적으로 다루고 있다고 말할 수 있을 것이다. 그것은 우리의 환상을 비춰 주는 거울이며, 우리 경험에 반향을 일으키는 메아리로 기능하기 때문이다."(Cohen-Solal, 2013/2015).

경험 철학자인 Dewey(1988)는 『경험으로서의 예술(Art as Experience)』에서 "궁극적인 의미에서 예술적인 것으로 간주되기 위해서는 '애정이 많아야' 한다. 예술적 기량이 펼쳐지는 대상에 깊은 관심이 있어야 한다."라고 강조한다. 이는 예술가와 감상자 모두에게 적용되는 경험에 해당한다.

3. 예술가, 명화, 감상자의 관계

Picasso는 예술가와 예술 작품과 감상자에 대한 그의 생각을 다음과 같이 제시한다. "그림 작업에 대한 아이디어는 처음부터 끝까지 결정되지 않는다. 작업을 하면서 생각에 따라 그림도 변한다. 작품이 완성되어도 그것을 보는 감상자의 감정 상태에 따라 변한다. 그림은 생명체처럼 자신의 삶을 살고 있다. 그것은 우리가 일상의 삶에서 겪는 것과 같은 변화를 겪는다. 이 점이 아주 당연한 것은 그림은 감상자를 통해서만 생명을 가지기 때문이다."(Keel, 1985).

Gogh(1999)는 동생 Theo에게 보낸 편지에, 화가의 의무는 "온 힘을 다해 자신의 감정을 작품에 쏟아 붓는 것이며, 그래야만 다른 사람도 이해할 수 있는 그림이 된다."라고 하며, 화가의 진지함은 언젠가 감상자의 공감을 얻게 된다고 쓴다. Rothko도 "그림은 사람과 교감함으로써 존재하는 것이며, 감성적인 감상자에 의해 확장되고, 생장한다."(Baal-Teshuva, 2006/2006)라고 주장한다.

여기에 예술가 체험과 감상자 체험의 상호관계와 그 의미를 읽을 수 있다. 감상의 주체가 되는 감상자의 의식, 심리적 상황 및 의지 등과 작품과의 상호작용 과정을 거쳐 작품이 재탄생된다는 것을 알 수 있다. 이처럼 예술에는 예술가만이 아니라 감상자의 존재가 중요하다. 예술가가 존재해야 예술품이 존재하고 감상자가 존재해야 예술의 존재 이유가 성립된다는 것은 자명하다. 감상자가 없는 예술가와 예술품, 관람객이 없는 미술관은 존재할 이유가 없다. 예술가, 작품, 감상자의 삼각 구조와 상호관계에서 예술은 완성되며, 어느 한 요소라도 빠지면 예술은 미완성으로 남게 된다.

Kraft(2015)는 예술가와 감상자가 예술 작품과 건설적인 논쟁을 하는 긴 과정을 '여러 번 순환하는 자기-대상-긴 여행'으로 가장 잘 설명될 수 있다고 한다. 이 과정에서 예술가와 감상자와 대상이 되는 예술 작품의 교류가 이루어진다. Kraft는 감상자는 예술 작품을 보며 예술가와 특별한 대화를 나누며, 어떤 면은 받아들이기 어렵지만, 다른 면은 높이 평가한다고 하는데, 이는 예술가 자신도 작업을 하면서 이런 과정을 겪는다는 것이다. 그는 이러한 방식은 삶의 단계나 기분 상태에 따라 예술품을 다르게 경험할 수 있는, 즉 '다른 눈으로 보기'가 가능하다는 것이다. Kraft는 예술가, 예술품과 감상자 각각의 삶의 이야기, 생애사와 현재 관심사 혹은 현재 상황의 상호작용을 다음 도식으로 제시한다([그림 1-1] 참조).

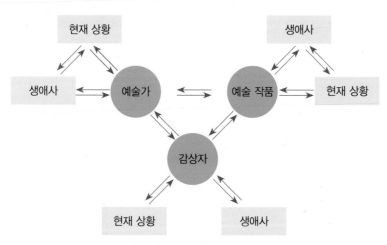

● 그림 1-1 ● 예술가, 예술 작품, 감상자 "세 쌍"의 개략도(Kraft, 2015: 145)

Arnheim(1954/2003)에 의하면, 위대한 예술가는 자신의 작품으로 모든 것이 통일의 힘에 예속되도록 하여 만물을 재창조하는 존재다. 즉, 위대한 예술가는 작품에서 우주에 새로운 생명을 부여하며, 낯익은 사물들을 이전에 누구도 본 적 없는 새로운 방식으로 보여 주는데, 이는 '왜곡이나 이질적인 것이 아니라 새로운 외연(appreance)'이라는 것이다. 그의 견해는 감상자의 정신에 새로운 생명력을 부여하는 것이 예술 작품의 힘과 맞닿아 있다. 또한, Arnheim(1966/1995)은 예술 작품의 역할은 예술가와 감상자의 자아를 소화할 수 있는 것이라고 하는데, 예를 들어 우울한 음악이 감상자에게 눈물을 흘리게 하는 감동을 줌으로써 예술 작품의 역할이 완성된다고 한다. 이런 점에서 예술은 예술가와 감상자가 창조해 가는 역동적 관계다. 감상자에게도 감상은 작품을 새로운 눈으로 적극적 소화하는 과정이며, 이 과정을 통해 예술가와 감상자의 상호관계가 이루어질 수 있다. Parsons와 Blocker(1993/1998)는 예술은 예술가와 관람객들이 작품을 유사하게 해석할 수 있는 상호이해를 통해 유지되고 창조될 수 있기에, 예술은 실제 집단의 창조물이자 집단과의 지속적인 의사소통을 할 때 의미가 있다고 한다.

Winner(1982/2004)에 의하면, 철학자와 심리학자는 예술의 기능이 '의사소통'이라는 공통적 견해를 피력한다. 즉, 예술가는 작품을 통해 자신의 내적 감정을 표현함으로써 관람객에게 중요한 메시지를 전달하며, 관람객의 심미적 경험의 본질은 대부분 예술가의 '은폐된 메시지를 움켜쥐는 것'이다. Winner는 다양한 방식의 의사소통이 있지만, 예술의 의사소통 의미와 관련하여 감상자가 예술 감상으로 화가가 추구하는 심미적 메시지의 의미를 이해하는 것이 중요하다고 본다. 그에 의하면, '예술 작품에 대한 감상자의 반응은 부분적으로 그 예술과 친숙한 정도와 감상자의 인지 방식이나 성격에 의해 결정'되기 때문이다. 여기에서 작품을 통해 예술가와 감상자의 만남이 이루어진다.

Freud(1998/2004)는 1914년 익명으로 발표한 글「미켈란젤로의 모세(Der Moses des Michelangelo)」의 서두에 자신은 예술의 문외한이지만, 로마 산 피에트로인 빈 콜리 성당(Basilica di San Pietro in Vincoli)에서 만난 Michelangelo의 조각 〈모세상〉에 강하게 매료되어 두 번이나 방문했다고 쓴다. 그는 그곳에서 오랫동안 작품을 감상하고 이해하려 노력한 후에, 마침내 자신만의 해석에 이르게 된 경위를 설명한다. Freud는 모세상을 감상하는 미적 체험을 통해서야 작품의 의미 내용을 해석하는 단계에 이른다. 그는 다른 예술 작품에서도 '예술이 지닌 호소력'과 예술의 기능을 정신분석적으로 탐색하는데, 예술 감상 이후에 이해와 분석의 과정이 따른다. 예술의 호소력은 감상자와 작품이 만날 수 있는 원동력으로, Freud는 이러한 예술품 감상 체험을 심층심리학 관점으로 제시한다. 그러나 Langer(1985)는 Freud와 정신분석학자들이 예술 분석에서 예술가의 창의적 과정과 끊임없이 미적 새로움을 찾아 독창적 해결 방안을 표현하는 미적 특성을 다루지 않은 점을 비판한다. 이러한 비판은 예술의 감상과 분석의 경계와 의미와 역할을 환기시킨다.

Palmer(1969/2011)는 예술 작품 감상인 작품 읽기는 "관찰이나 반성을 통한 개념적 지식의 획득이 아니라 자신의 낡은 지각방식을 파괴해 가는 경험"이며, "작품이 해석자에게 영향을 주어 해석자를 변화시킨다."라고 한다. 여기서 해석자는 감상자와 관람자며, 작품은 감상자의 존재, 사고방식, 감정들을 변화시킨다는 것이다. Palmer에게 '텍스트를 이해한다는 것은 단순히 독자가 일방적으로 수많은 질문을 텍스트에 퍼붓는 것이 아니라, 텍스트가 독자에게 제기하는 물음을 이해하는 것'이다. 이는 문학에만 한정된 것이 아니라 미술에도 그림이 텍스트에 해당한다는 점에서 감상자의 주체적 역할을 연결할 수 있다.

모든 예술을 언어로 간주한 미학 기호학자 Morris(1946)의 주장(김치수 외, 1996)처럼, 미술의 모든 작품도 도상적 텍스트로서 작품이 감상자에게 제기하는 물음을 이해하여 그 답을 찾아가는 것이 감상자의 몫이다. 감상자는 예술가의 작품을 감상함으로써, Dilthey가 말한 것처럼 "인간은 자기 자신 또는 사물의 연관에 대해 성찰함으로써 부여된 것, 한정된 것에 대한 속박에서 해방된다."(Dilthey, 1984/2017). 감상자는 예술 감상을 통해 '내적 성찰'을 하고 자기의 '삶의 실행'하려는 욕구를 가지게 된다.

예술 감상은 감상자의 일상적, 관습적, 낡은, 왜곡된 사고방식이나 정신에 질문을 던져 감정과 정신과 영혼을 깨우는 행위며 성찰과정이다. 위대한 예술 작품은 감상자의 존재와 정신세계를 움직이며 변화시키는데, 이는 바로 감상자 자신의 내면을 흔들어 기존의 시각에 많은 물음과 영감을 얻게 한다. Read(1972/2007)는 예술 작품은 '인격의 해방'이라고 하며, 일반적으로 인간의 감정은 방해받거나 억압되어 있는데, 예술 작품을 바라보는 순간, 감상자는 그러한 것에서 해방된다고 강조한다. 이는 앞에서 언급한 철학자, 문학자, 심리학자와 예술가의 공통된 견해다. 이러한 관점에서 예술 작품은 감상자에게 심리적, 정신적, 나아가 영적 영향을 준다. 감상자의 내면을 깨우는 예술 작품의 감상은 사색 활동이며 명상적 자세다.

Kandinsky에 의하면, 예술가는 자신 안에 '비밀에 찬 목소리'를 들으며 그에 따라 그림을 그리기 때문에, 예술은 그러한 "예술가의 직관을 통하여 발견되는 우주적 법칙 아래 예속되어 있다."(Bill, 1955/2001). 그는 예술가의 이러한 행위는 감상자를 위해 필수적이며, 작품이 구상화나 추상화든 상관없이 감상자에게 발견을 기쁨을 준다고 한다. Kandinsky(1952)는 예술이 인간 '정신생활의 강력한 대리자' 역할을 하며, '인간의 마음속 깊은 곳에 빛을 비추는 것이 예술가의 사명'이라고 한 음악가 Schumann의 말을 인용하면서 예술가와 감상자의 관계를 강조한다.

프랑스 미술평론가 Huyghe(1960/1983)는 예술가의 예술적 본성은 예술가의 내적 임무로서, 화가는 모든 사람이 자신과 같은 가치로 작품을 느낄 수 있도록 표현하여 감상자에게 보여 줘야 한다고 강조한다. 특히 그는 회화에서 색채의 중요성을 역설하는데, 색채는 '생명의 진동'으로 우리의 생명과 똑같은 리듬으로 울리며 우리 감성의 가장 깊은 본성에 호소하며, '인간 영혼의 시간'을 보여 주기 때문이라는 것이다. Huyghe에 의하면, 미술 작품에서 색채란 감상자에게 '예술가의 영혼인 정서적 등가체(等價體)와 직접 만나며, 예술가 영혼의 감각을 맛보게 함으로써, 감상자의 넋을 뒤흔드는 가장 중요한 정서적 요소'에 해당한다. 감상자는 미술 작품 감상을 통해 '말 없는 언어'의 강력한 정서와 만나고 자신의 깊은 정서 세계에 닿게 된다. Gombrich(1960/2003)는 "미술이 화가 개인의 시각만으로 표현된 것이라면 미술사란 존재할 수 없다."라고 하는데, 이는 화가의 시대적, 사회적, 심리적 반영과 메시지가 감상자에게 전달되고 공감되어야 한다는 것을 역설한다.

Majer(2006)는 그림 감상과 관련한 주제로 "미술 작품을 만드는 것은 항상 감상자들이다."라는 Duchamps의 표명을 인용한다. 즉, 화가가 그림을 '완성'하는 것만이 아니라, 나아가 감상자가 적극적 참여자로서 조형 차원에 고려

된다는 것이다. Majer는 창작 과정은 지각의 공명(共鳴) 공간을 확장하게 된다고 한다. 그는 예술이 의사소통의 기능을 하기 위해 예술가의 능력이 필수적이어야 하는 것처럼, '감상자의 감상 능력'도 전제된다고 강조한다.

Schopenhauer(1859/2019)는 숭고감과 미감의 주제에서 예술 감상자는 대상을 즐겨 감상하는 행위를 통해 자기 자신과 자신의 인격과 모든 의욕을 넘어서게 된다고 한다. 즉, 이런 현상에서 감상자의 마음은 숭고감으로 충만하여 고양된 상태에 있으며, 또한 그것으로 그 상태를 일으키는 대상은 숭고하다고 볼 수 있다는 것이다. 그는 "자연과 삶에서 직접 퍼오는 진정한 작품만이 자연이나 삶과 마찬가지로 영원히 젊고 항상 근원적인 힘을 지닌다."라고 하면서, 이것은 "어느 한 시대에 속한 것이 아니라, 인류에 속하기 때문"이라고 주장한다. 나아가 그는 예술가란 자신의 눈을 통해 우리 감상자에게 현실을 들여다보게 한다는 것이다. Schopenhauer는 예술가는 사물의 본질을 인식하는 눈이 있다는 점이 바로 그의 천재적 재능이자 천분이라고 하면서, 예술가는 우리에게도 이 재능을 빌려 주어, 자신의 눈을 우리에게 달아 줄 수 있다고 한다. Schopenhauer의 견해는 수많은 예술가의 예술 작품이 시대를 초월하여 우리 감상자에게 여전히 강력한 힘을 주고 있다는 점에서 증명할 수 있다.

예술 작품 감상은 감상자가 예술품 앞에서 자신의 질문 혹은 의식하지 못했던 것과 맞닥뜨리면서 예술가가 자신의 창조적 작품을 통해 묻는 물음에 상호작용을 하며, 그 질문의 의미를 인식하고 이해하는 과정의 미적 체험이다. Berger(1972/1995)는 '이미지를 만드는 것은 현재 존재하지 않는 어떤 것의 모습을 되살리기 위함'이라고 한다. 그래서 어떤 미술 작품도 같은 것이 있을 수 없으며, 감상 또한 항상 같은 정서나 이해로 다가오지 않을 수 있다. Berger는 수 세기 전의 음악을 현대에도 연주하고 또 감상하면서 공감하고 이해하며 재해석하듯이 미술 작품도 마찬가지라며, 우리가 풍경화를 볼 때, 우리 자신은 그 풍경 속에서 있는 것처럼 생각하며, 과거의 미술을 본다면 자신이 역시 속에 있는 것처럼 생삭한다는 것이다. 그러나 감상자는 과거 만이 아니라, 자신의 현재와도 작품을 연결하는 현실성 감각으로 인식하며 화가와 작품을 현재화한다. 이처럼 예술 감상은 시대와 공간을 초월하여 감상자의 정신과 영혼을 깨워 주며 감상자는 그 원천의 샘물을 퍼 올린 예술가와 만나는 우로보로스의 과정이다.

Dannecker(2015)는 예술은 예술가 자신에게도 탐색을 의미하며, 예술가는 작업을 시작하면서 그 작업이 어떻게, 언제, 어떤 형태로 끝날지 모른다고 한다. 중요한 것은 예술가의 이러한 탐색에 대한 성공 여부는 모르는 것들과 대면할 예술가의 개방성 정도와 연결된다고 그녀는 덧붙인다. 감상자의 차원도 감상자의 개방성의 정도와 맞물리는데, 감상자는 예술가 탐색의 결과인 작품과 대면할 개방성 정도에 따라 작품과 만나게 되기 때문이다.

Turner는 감상과 관련하여 "나는 그림이 이해되도록 그린 것이 아니라, 그림 장면이 어떻게 보이는지 보여 주고 싶었다."(Bockemühl, 2000)라고 한다. 19세기 영국 비평가 Ruskin(1857)은 그의 저서 『근대 화가론(Modern Painter)』에서 Turner의 그림이 세상을 새로운 방법으로 보게 해 주었다는 찬사를 보내면서, 보는 법에 대한 견해를 펼쳤다. Ruskin은 기술적인 관점에서 Turner 그림이 주는 전체적인 효과는 우리가 '순진한 눈(innocent of the eye)'이라고 할 수 있는 상태, 다시 말해 '아이처럼 사물을 보는 방법을 포착할 수 있는 능력, 마치 눈먼 사람이 시력이 갑자기 회복되면서 사물을 보는 것 같은 상태'를 제공한다고 평가했다. 여기서 그는 예술가가 감상자에게 주는 영향과 감상의 의미를 간결하고도 명확하게 강조한다.

Gombrich(1960/2003)도 그리스인들의 말을 빌려 "놀라움이야말로 지식의 시초이며, 놀라기를 그치면 아는 것을 그치게 될 위험에 처하게 된다."라고 한다. 이러한 놀라움과 그에 뒤따르는 물음은 자신만의 신세계를 발견한 것으로 놀라움과 즐거움과 새로운 에너지 분출을 통한 자기 성장으로 연결된다. Kandinsky도 길들지 않고 사물을 있는 그대로 받아들일 수 있는 어린이의 능력을 예로 들면서, 어린이의 그러한 눈은 사물의 실제 목적에 생소하며, 그러한 생소함으로 그림에는 '대상 자체의 내적 음향이 폭로'된다고 한다(Bill, 1955/2001). Kandinsky는 어린이와 많은 점에서 닮은 예술가는 사물들의 내적 음향을 표현할 재능이 있다고 강조했는데, 감상자도 예술가의 작품에서 그러한 내적 음향을 발견하고 공감할 수 있다.

Kandinsky와 함께 청기사(Der blaue Reiter)를 설립한 화가 Marc(1982)가 짧은 생애의 예술 활동 기간에 주로 그린 주제는 동물이었다. 그는 예술을 통해 인간과 자연과의 관계를 다르게 보고, 동물들을 통해 자신만의 독특한 작품 세계를 표현하려 했다. Marc는 자연과 완전히 합일하는 순수한 인간성을 강렬한 색채와 형태로 상징화하며, 자신의 그림에 대해 다음과 같이 쓴다. "우리는 동물이 우리와 자연을 보는 것처럼 그림을 그릴 수 있을까? 자연이 동물의 눈에 비친 것과 같은, 비밀에 가득 찬 상상적 아이디어가 예술가에게 있는가? 말, 독수리, 사슴 혹은 개는 세계를 어떻게 볼까?"(Deutscher Taschenbuch Verlag, 1976). Kutschbach(1996)는 Marc의 이 글을 인용하면서 "Marc는 동물의 순수한 영혼을 통해 세계를 보려 한 화가"라고 한다. 이러한 예술가의 내적 시선, 세계관, 상상, 창의성을 통해 감상자는 작품 앞에서 한 번도 보지 못한 신세계를 만남으로써, 예술 감상은 무언으로 또는 번개처럼 감상자의 선입견이나 편견을 깨 주는 각성의 순간이 되며 감상자를 정신적 성장으로 이끄는 미적 체험이 된다.

미술 작품은 감상자에게 삶의 비밀에 관하여 질문을 던지며 감상자와 비언어적 대화를 나눈다. 이 과정에 감상자도 자신이 품었던 인생의 질문을 작품을 통해 재인식하거나 해답을 찾을 기회를 얻거나 공감을 받으며 정서적 관계를 맺는다. 때론 감상자의 무의식에 있던 어떤 내적 물음이 작품과 대화를 통해 의식화될 수 있다. 이는 감상자가 어린이와 같은 '순진한 눈'으로 작품을 만나면서, 그 비밀을 발견하여 '내적 음향'을 듣게 되는 상호관계가 맺어진다. 이와 관련하여 Dewey(1988)는 예술의 진정한 경험은 능동적 행위, 수동적 행위와 에너지의 방출과 수용의 관계가 결합되어야 한다고 강조한다.

'예술에 대한 지각과 경험을 통해 일상에서 더 자신에 대해 더 많은 것을 경험'(Dannecker, 2015)하는 것처럼, 감상자도 예술 감상을 통해 자신을 더 많이 더 깊게 알아 간다. 열린 마음, '순진한 눈' '어린이의 눈' '길들이지 않은 눈'으로 작품을 대하는 것은 그러한 질문을 발견할 수 있는 길에 들어선 것이다. 작품은 감상자의 내적 상황과 감상 시기에 따라 다른 시각으로 감상자를 이끈다. 감상자는 그림 감상의 심미적 경험을 통해 자신의 의식, 전의식과 무의식의 세계를 만나는 계기가 되면서 '발견의 기쁨'과 '자기 인식' '자기 이해'를 넓히는 정신적 성장을 한다.

감상자가 수 세기 전의 예술을 현재도 즐겨 감상하는 것은 세상과 인간 존재의 신비에 관한 예술가의 질문과 창조적 활동을 함께 탐색하고 이해하려는 것이다. 감상은 감상자의 정신과 영혼을 깨워 주는 질문과 답을 찾아가는 과정이다. Tolstoy(1897/2007)가 '예술은 사람과 사람을 이어주는 수단'이라고 한 것에서 예술을 통한 의사소통이 얼마나 보편적이면서도 깊은 의미가 있는지 재확인할 수 있다. 예술 작품은 우리의 개인적 상황과 나이에 따라 다른 시각으로 우리를 이끌어 자신과 세계를 깊이 이해하게 연결해 준다. 감상은 그림이 제기하는 질문에 재질문하거나 답을 찾는 과정에서 그 의미를 발견하고 이해할 수 있다.

　　Kohut(1993)은 예술가는 그 시대의 지배적인 심리적 문제를 예상하고 시대의 본질을 표현하며 시대를 대표하는 역할을 한다고 주장한다. 나아가 그는 위대한 예술가는 시대를 앞선 혜안이 있어 오늘날의 감상자에게도 대담하고 깊고 아름다우며 진정성을 느끼게 하는 메시지로 감동을 준다고 한다. 이러한 점에서 Kohut은 위대한 예술가의 작품은 오래전에 만들어졌어도 현대 예술이 된다고 하면서, 위대한 예술 작품은 심리적으로 어느 시대에만 속하지 않고 오늘날의 감상자에게도 깊은 반향을 불러일으킨다는 점을 강조한다.

　　오늘날 예술가, 교육자, 예술비평가, 미학자, 심리학자 등은 예술에서 감상자, 청중, 독자, 관객, 관람자 등 어떤 이름의 대상자든 작품을 음미하고 감상하는 자를 예술의 또 다른 주체자로서 그 존재의 중요성을 인정한다. 그러나 미술사에서 감상자의 존재를 오늘날처럼 인식하지 않았으며, 주체적 존재로서 다루지 않았다는 것을 알 수 있다. 근래에 미술사에서 감상자의 존재를 예술가와 예술 작품과 상호관계를 지닌 주체자로 인식하는 시도가 이루어지면서 수용미학(reception aesthetics)이 탄생하게 되었다. 수용미학의 중요성을 제시한 Kemp(2011)는 "수용미학에서 예술 작품은 작품과 감상자 간의 상호관계에 의한 결과를 의미한다."고 한다. 그는 수용미학은 특히 이러한 대화적 태도를 작동시키고 몰두하게 하는 수단이라는 점에서 흥미롭다고 하며, Iser가 수용문학에서 독자를 '암묵적 독자'라고 하듯 그도 미술에서 '암묵적 감상자'의 존재를 부각한다.

Kemp(1998)에 의하면, 수용미학은 미술가의 작업 지향적 방식에 대한 해석력을 제시한다. 그는 암묵적으로 보는 사람, 즉 작품이 '누군가를 위해' 만들어졌다는 사실은 미술사의 작은 분파가 제시하는 새로운 통찰이 아니라, 창작의 시작부터 시작되는 구성적인 순간의 계시임을 강조한다. Kemp는 모든 예술 작품은 누군가에게 전달되며, 작품을 이상적으로 보는 사람을 구하려고 노력한다는 것이다. 이러한 점에서 Kemp는 수용미학은 최소한 세 가지 임무가 있다고 한다. 첫째, 수용미학은 작품이 우리와 접촉하는 표시와 수단을 식별해야 한다. 둘째, 수용미학은 작품의 사회역사적 그리고 셋째, 미적 진술과 관련하여 그것들을 읽어야 한다.

그는 이러한 맥락에서 시각 예술 소통의 특성으로 예술가와 수신자인 감상자는 대면 소통이 아니라 서로를 알지 못하고 생각만 하면 된다는 것이다. 그렇게 함으로써 예술가와 감상자는 사실적 대화를 하는 것처럼 실제 자신들의 개성에 따라 추상적 관점을 수행한다. 이런 점이 수용미학의 관점이다. 그러나 Kemp는 1980년대에 시작된 수용미학은 문학 연구에 유용한 장치로 인정되었으나, 미술에서는 미술사학자들이 몇 가지 흥미로운 작업을 수행했음에도 불구하고 그에 대한 적용은 불규칙하고 전통이 확립되지 않아 아직은 확실하게 자리를 잡지 못했음을 인정한다. 그러한 문제 중의 하나로 수용미학은 작품은 제작자, 창작 과정에 의해서만 이해될 수 있다고 하는 부르주아적 예술 감상의 기본적인 신조에 맞서고 있다는 점을 Kemp는 지적한다.

미학은 예술과 삶의 연계성을 반성하며, 이러한 점이 예술과 인간의 삶 모두를 더욱 흥미로운 것이 되도록 한다는 Parsons와 Blocker(1993/1998)의 견해처럼, 수용미학은 예술을 통해 감상자의 삶을 이해하고 동행함으로써, 예술이 존재해야 하는 근거를 감상자 관점에서 기초를 다져 발전해 나갈 수 있을 것이다.

Palmer(1969/2011)는 이해란 '한 사람의 정신이 다른 사람의 정신을 파악하는 작용을 나타낸' 것이라고 한다. 이처럼 그림에 대한 이해도 감상자가 화가의 정신을 이해하는 과정이라고 할 수 있다. 예술가 정신의 이해란 무엇인가? 왜 다른 사람이 아닌 예술가의 정신을 이해해야 하는가? Dilthey는 이에 대해 '인간의 이해는 생동적, 인간적 체험을 파악하기 위한 정신적 과정'(Kossolapow, 1975)이라고 하면서, 이러한 것으로 예술체험의 정신적 행위를 중요하게 제시한다. 이해는 상호관계의 과정으로 예술가의 예술표현을 이해하는 것은 감상자의 중요한 몫이다. 즉, Turner가 작품을 통해 세상을 새로운 방법으로 보는 것을 보여 준 것처럼, 감상을 통한 이해는 감상자에게 자기 내면세계를 새로운 방법으로 보여 주는 의미를 지닌다.

CHAPTER 2

명화 감상의 치유력,
치료적 특성

1. 명화 감상을 통한 치유

    Schopenhauer(1859/2019)는 "고통에 처한 사람은 예술을 통하지 않고 어떻게 그의 실존을 견딜 수 있을까?"라는 질문을 제기한다. 그는 미적 만족을 느끼는 주관적 조건인 내적 기분과 의욕에 대한 인식 작용의 우세는 어떤 환경에서든 생길 수 있다고 한다. 이와 관련하여 Schopenhauer는 네덜란드 예술가들은 "아무리 보잘것없는 대상에도 순전히 객관적인 직관을 향하게 해서 그들의 객관성과 정신적 안정의 영속적인 기념비를 정물의 형태로 내놓았다."라고 평한다. 그들의 정물화는 "예술가 자신의 고요하고 침착하며, 의지에서 벗어난 마음 상태를 눈앞에 생생히 그려 주기 때문에, 관찰자는 그 정물을 보고 감동하지 않을 수 없다."는 것이다. 즉, 예술가 자신도 사물을 객관적으로 주의 깊게 직관하고 고찰함으로써 그런 마음 상태가 필요하며, 예술가의 이런 작품은 감상자에게도 그와 같은 상태에 동참하게 한다는 것이다. 감상자는 자신의 불안하고, 강렬한 의욕으로 흐려진 마음 상태와 대조된 고요하고 침착한 정물화를 감상하면서 종종 감동이 더 커진다. Schopenhauer는 정물화뿐 아니라 풍경화를 통해서도 예술가의 내적 힘이 감상자에게 감동을 준다고 한다. 이러한 내적 힘과 감동은 고통받거나 삶의 위기에 처한 감상자를 치유하는 특성도 있다는 것을 알 수 있다.

Rothko는 자신의 작업에 대해 "비극, 황홀경, 파멸과 같은 인간의 기본 감정을 표현하는 것에만 관심이 있다."라고 말한 적이 있다. 그는 "수많은 사람이 내 그림 앞에서 이성을 잃고 울음을 터뜨린다는 사실은 내가 그런 인간의 기본 감정과 소통하고 있음을 보여 준다. …… 내 그림 앞에서 눈물을 흘리는 사람들은 내가 그 그림을 그릴 때 겪었던 것과 같은 종교적인 체험을 하는 것이다."(Cohen-Solal, 2013/2015) 라고 한다. 이런 견해는 예술품이 감상자의 정서 환기와 자아 동일시와 위로와 공감의 토대가 되는 치유력의 가능성을 대변한다. 감상자는 자신의 고통을 이겨내기 위해서 공감과 감동과 나아가 자신의 자원을 탐색하고 인식할 여지를 얻는다. 이런 과정은 심리적 고통을 겪는 환자 또는 내담자에게도 치료로 연결할 수 있다.

Gombrich(1960/2003)는 전통적인 편견에 대한 진보적이고 비판적 관점의 시각을 제시한 Turner에 대해 Ruskin이 언급한 '순진한 눈'을 인용하면서, 화가의 목표란 꾸밈없는 자신의 선천적인 시각을 향해 귀의하는 일이라고 강조한다. 이와 같은 맥락에서 감상자도 열린 마음, 선입견 없는 어린아이 같은 시선으로 작품을 대하면, 그러한 질문을 발견할 수 있는 길에 들어선 것이다. 이 순간, 작품들은 감상자의 개인적 상황과 시간에 따라 다른 시각으로 그를 이끌며 자신과 세계에 대한 이해를 넓혀 준다. 이러한 예술 감상은 감상자의 정신적 자양분을 일깨워 주며, 정신적, 심리적 활력을 고무하며 치유적인 힘을 주는 '영혼의 활성화'에 동행한다.

Kuiper(1984)는 예술 작품의 감상 관점을 '미적 관점과 심리적−전기적 관점'으로 구분한다. 그는 두 관점은 독자나 감상자의 동기 정도에 따라 다르지만, 많은 감상자는 '심리적−전기적 체험 방법'의 감상을 통해 위안을 느끼며 가장 깊은 행복을 경험한다고 한다. 이러한 점은 상처받고 고통받는 사람이나 환자에게 중요한 치유적 요인이 될 수 있다. Parsons와 Blocker (1993/1998)는 예술은 감상자에게 "정서를 좀 더 분명하고 정확하게 갖도록 가르쳐 준다."라고 하는데, 이 또한 정서적 혼란, 불안정을 겪는 사람도 감상을 통하여 자기 인식과 정서적 질서를 찾을 가능성과 연결될 수 있다.

Kandinsky(1952)는 예술 작품은 예술가가 '고안하고, 측정하며, 비율과 균형을 만들어 구성'하는 것이라고 하면서도 '감상자'가 없으면 모든 것이 소용없다고 역설한다. 그는 '현실의 삶'이 감상자의 눈을 어둡게 함으로써 예술과 삶의 관계가 상실되는 점을 어느 정도 인정하지만, 진정한 삶이란 '실재들'로만 존재해서는 안 되며, '비실재적' 세계, 즉 예술의 정신적 우위성이 함께 존재해야 한다고 한다. Kandinsky는 이러한 관점에서 삶의 '균열'을 회복하는 힘은 예술이며, 삶과 예술이 함께 존재해야 인간은 진정한 의미의 삶을 감지하고 예감하면서 채워 나간다고 강조한다. 두 번의 세계대전을 겪은 Kandinsky는 그 시대를 비판하면서 그에 대한 예술의 임무로 예술의 치유성과 치유적 과제를 제시한다. 그 시대를 살았던 Steiner(1921/1991)도 정신적인 것과 관계없는 예술이란 존재하지 않는다고 강조하며, 이러한 노력은 미술의 인상주의와 표현주의에서부터 소급된다고 한다. Steiner의 정신적인 것과 관계된 예술 관점은 오늘날 인지학적 예술치료(Anthrosophische Kunsttherapie)로 발전되어 적용되고 있다.

Winner(1982/2004)는 예술에 대한 정신분석 이론은 예술이 바로 심리치료라는 견해를 밝힌다. 이와 관련하여 예술과 정신분석 이론 간에는 감상이 중요한 치료 요인으로 작용한다. Beuys(1991)는 현대 문명과 환경의 위기 해결 방안으로 예술을 제시함으로써, "예술은 치료다."라고 선언한다. 그러나 그는 여기에서 치료라는 말이 단지 분노를 완화하는 것이나, 인간을 활동하게 만든다는 협의적 해석이 아님을 강조한다. 그는 이런 해석 태도는 치료의 전체 과정을 너무 얄팍하게 접근하는 것이므로 반드시 인간 사고와 관계에서 생각해야 한다고 주장한다.

Leuteritz(1997)는 미술치료의 개념 형성에 영향을 준 Beuys의 '모든 인간은 조형 능력'이 있다는 말은 명언이지만, 많은 사람이 이에 대해 잘못 이해하고 있다고 지적한다. 그는 Beuys의 말은 모든 인간이 예술가가 될 수 있다는 것을 의미하는 것이 아니라, 인간은 그 자신이 아직 의식하지 못한 다양한 창의적 가능성을 가지고 있다는 것이라고 해석한다. Leuteritz는 Beuys가 말한 이러한 가능성이 다양한 조형적 표현 수단이 되는 치료과정에서 이루어진다는 것이다. 또한, Beuys에겐 예술의 사회화가 중요한 치료적 이슈인데, 여기에도 예술가와 예술 작품과 감상자의 상호관계가 중요한 역할을 한다.

명화 감상은 감상자의 자기 삶과 존재에 관한 질문이자 탐색이며, 시각적 소통과 직감, 통찰 등을 통해 그것을 인식하거나 이해하는 과정이다. 명화 감상은 감상자의 정신을 일깨우고 심리적인 이해를 도우며, 감상자가 찾던 물음에 답을 제시하거나 암시해 주며, 나아가 감상자가 삶의 지평을 확장하도록 하는 특성을 가진다. 이러한 특성은 명화 감상을 통한 치유와 치료에 연결될 수 있다.

인간을 위한 새로운 세계를 꿈꾸는 20세기 미술 운동과 그에 대한 필요성의 담론 및 의식의 확장은 미술뿐 아니라 예술 전반에서 예술의 치유성을 탐색하게 되었다. 예술이 치료적 효과를 지닌다는 것은 인류의 가장 오래된 경험에서 출발한 자명한 이치며, 여기서 치유란 신체적, 정신적, 영적 건강과 회복을 포함하는 광의적 의미를 지닌다(Leuteritz, 1997). 그러나 이러한 논제는 학문적 뿌리를 내리지 못하다가, 현대에 미술치료, 음악치료, 무용치료, 시치료 등의 예술치료 영역에서 새로운 학문으로 자리매김을 한다.

1980년대 이후 예술에서 독자, 감상자의 존재에 대한 논의가 '수용미학'에서 이루어지면서 예술의 삼각구도에 속하는 수용자, 예술 감상자 혹은 독자의 주체성과 이 구성원과의 상호관계에 관한 연구가 이루어지고 있다(Kemp, 1998). Kemp(1998)가 수용미학의 가능성과 당위성을 주장하면서도 시각예술에서 이 주제에 관련된 연구가 미비하다고 했듯이, 미술치료에서도 예술작품 감상의 치료적 적용 및 효과를 위한 감상 영역은 아직 많이 다루어지지 않으며 연구 또한 부족한 실정이다.

이에 먼저 미술치료에서 명화 감상의 치료적 요인과 특성을 살펴봄으로써 치료의 주제, 목표와 기대효과와 연결하는 것이 필요하다. 다음은 미술치료 전반의 목표에도 해당하는 치료 요인 중에 특히 명화 감상 미술치료, 넓게는 '수용적 미술치료'(Leuteritz, 1997; Petzold & Sieper, 1991)의 요인과 특성으로 의사소통 및 의미 소통, 방어기제 완화, 정서적 해방감 및 승화, 공감과 위로,

희망, 자아 성찰, 명상, 창의성과 잠재자원의 활성화, 문제 해결력, 정체성 함양, 심리적 균형과 통합을 제시하고자 한다.

2. 명화 감상의 치료 요인과 특성

1) 의사소통, 의미 소통

명화 감상은 감상자와 미술 작품 사이에서 비언어적, 시각적 의사소통을 하는 중심역할로서 작품을 매개로 한 의식화된 의사소통이다. Herman (2016/2017)은 "화가는 본래 소통하는 사람들이고, 대개 어떤 희생을 치르고 세상에 메시지를 전해야 하는 사람"이라고 하면서 화가의 삶은 "모르는 것을 알리는 데 더 큰 의미가 있다."라는 화가 O'Keeffe의 말을 인용한다. 나아가 Herman은 "화가의 소통은 그가 창조하고 싶은 것만이 아니라 남들이 보는 방식과도 관계가 있다는 그의 이해를 드러내기 때문"이라고 한다. Winner(1982/2004)는 "예술가는 작품을 통해 내적 감정을 표현함으로써 관람자들에게 중요한 메시지를 전달"하기에, 예술의 기능은 의사소통이라고 한다. 그에게 예술을 통한 의사소통은 관람객, 감상자가 예술 작품이 전하는 심미적 메시지를 듣고 이해하는 것이다. 분석심리학자인 Loewald(1988)는 예술의 내면적 과정에서 감각운동적 전환에 따른 의사소통 측면을 강조한다. 다시 말해서 이러한 의사소통 측면들은 예술가 자신뿐만 아니라 외부세계의 요인을 포함하는 관람객, 감상자들과도 소통할 수 있다는 것이다.

Noy(1984)는 예술가와 감상자 사이의 존재하는 미술의 역할에서 형태(Form)는 두 가지 관점에서 수단이 된다고 한다. 첫째, 형태는 예술가와 관객의 잠재된 소망과 감정과 경험을 표현하고 그들의 의사소통을 위해 예술가와 감상자의 저항과 방어를 극복하는 수단이다. 둘째, 형태는 예술가의 다양한 동기와 정서를 정리하고 통합하며 자신과의 일치를 유지하려는 것을 돕는 수단이다.

Tolstoy(1897/2007)는 진정한 예술은 감상자 혹은 독자가 예술가의 정신에 감동되어 그와 같은 정서와 감정을 느끼면서 그와 결합하는 느낌을 주는 것으로, 예술의 감염력 정도가 중요하다고 강조한다. 그는 이러한 감염력의 조건은 예술가가 전하는 개성적 감정의 정도, 감정의 정확함에 대한 여부와 관객, 청중이나 독자에게 전해지는 예술가의 진정한 정서의 힘을 전하는 태도인 진지함이라고 한다. 이를 통해 Tolstoy는 예술에서 예술가와 감상자의 정서적 의사소통의 중요성을 역설한다.

Langer(1985)는 언어와 시각적 표현 형태의 차이를 표명하면서 의사소통에는 원칙적으로 두 영역, 즉 추론적 상징과 표현적 상징 영역이 있다고 한다. 그녀는 추론적 언어는 논리적이며 추론적 투사성의 요구를 통해 분명하게 정의할 수 있지만, 조형예술의 표현적 상징화 과정은 추론적 언어의 논리로 파악될 수 없는 것이라고 정의한다. 표현적 상징화 과정은 오감을 통해 지각하는 감각적 감정의 순수한 세계로서, 예술에서 상징적 조음, 즉 상징적 표현으로 드러난다. Langer는 선, 색채, 비례 등이 있는 시각적 형태인 미술도 언어와 똑같은 조음으로서 낱말처럼 복잡한 결합이 가능하다는 것을 강조한다. 여기서 미술의 의사소통 특성이 설명된다.

Dannecker(2015)에 의하면, 예술가는 작업의 전체 구조에서 애매함, 부조화와 통제에 대한 창의적 힘을 지녀야 하며, 동시에 이차과정으로 새로운 통합을 가져올 수 있는 창의력도 유지할 수 있어야 한다. 나아가 Dannecker는 예술가란 자신의 가장 내밀한 감정과 의사소통의 욕구를 다른 사람, 즉 감상자에게도 불러일으킬 수 있는 자신만의 고유한 힘이 있다고 한다. 이처럼 예술가의 과제이자 목표는 자신의 내적 감정을 감상자와 시각적으로 나눌 수 있는 의사소통 능력이다.

반면, Schuster(2000)는 미술 작품을 통한 의사소통에 항상 '발신자'와 '수신자'의 역할이 전제될 필요가 없다고 한다. 그는 미술 작품을 감상하는 미적 체험은 지각과정의 결과로, 미술 작품이 감상자에게 미치는 영향을 이해하기 위해서는 작품의 내용과 자극이 감상자에게 어떤 방식으로 의미를 전달하는지 살펴야 한다는 견해다. 이런 관점에서 그는 미술 작품 감상의 특성으로 '그림을 통한 의사소통'보다 '그림을 통한 의미 소통' 혹은 '시각적 의미 소통'이라는 용어를 제시한다. Schuster는 그림에는 항상 다중적 의미가 있으므로, 시각적 소통의 성공 여부는 발신자와 수신자가 같은 그림 레퍼토리를 다룰 수 있는지에 달려 있다고 한다. 이런 관점은 감상자는 시대적, 문화적, 역사적 상황과 개인적 상황에 따라 작품의 의미를 다르게 읽을 수 있다는 점에 기인할 수 있다.

또한, Schuster와 Woschek(1989)은 그림-의사소통의 '수신자 이해'를 강조했다. 즉, 언어 개념적 의사소통에서는 발신자의 중요성이 먼저 주어지지만, 그림 의사소통에는 수신자가 전달의 의미를 수립하는 데 적극적으로 활동하여, 결국 수신자의 지식구조와 기대가 그림의 의미를 받아들이는 결정적 역할을 한다는 것이다. 이처럼 미술 작품 수신자인 감상자는 작품을 통한 의사 소통을 자신에게 해당하는 '의미 소통'으로 지각하고 인식함으로써 잠재적으로 발신자의 역할을 내포할 수 있다. 내담자의 작품활동과 내담자와 치료사 및 집단 참여자들과 작품 감상이 필수적 과정인 미술치료에서 작품의 이러한 의미 소통은 치료의 전체 과정을 성공적으로 이끄는 중요한 기반이 된다.

Dannecker(2015)에 의하면, 미술에서 상징은 주체와 객체가 분리되지 않은 존재, 통일적 존재에 대한 필요한 판타지를 위해 생성되며, 내담자는 상징 과정에서 정신착란의 망상 위험과 자신을 분리하는 경계가 끊어지면, 마침내 자신감과 생명력의 감정으로 나아갈 수 있다. 이 과정에서 미술 매체는 위협 적이지 않은 '다른 것'으로서, 과거에 불신과 트라우마를 겪었던 내담자들에게 새로운 경험을 제공하여 만족스러운 의사소통 형태가 된다. 미술치료 감상과정에서 상징을 통한 의사소통만이 아니라, 내면의 역동과 대화하는 과정인 미술표현에서도 내담자는 자신과 내적 의사소통을 한다.

Leuteritz(1997)는 "예술 작품이란 능동적으로 인지하는 주체가 없이는, 음, 철자, 색과 다른 재료들을 단순히 모아놓은 것에 불과하다."라고 하면서 "예술은 예술가와 예술 작품과 감상자 사이의 복합적 상호활동을 통해 이루어지는" 것이라고 언급한다. 예술 작품을 감상하는 내담자는 이처럼 능동적으로 인지하는 주체가 되어, 예술가의 심리적, 정신적 상황을 받아들여 그와 내적 대화를 한다. 또한, 이때 예술품은 감상자에게도 자신의 심리적 거울과 같은 역할을 한다. Brown과 Kulik(1977)이 섬광기억 현상에서 기억들이 오랜 시간이 지나도 시각적으로 기억된다고 하듯이, 미술 작품의 전체 내용뿐만 아니라 부분 내용이나 색채, 형태 등은 감상자의 시각 기억과 만날 수 있다. 감상을 통한 이러한 시각적 소통은 내담자의 무의식이나 전의식에 있거나 잊었던 내용이 플래시백 되어 심리적 소통의 물꼬를 틀 수 있다. 작품에 나타나는 "일상의 물건들이 비명을 지르게" 그리는 것을 목표로 삼는다는 화가 Magritte의 말을 Herman은 "더 나은 의사소통에 적합한 목표"로 본다 (Herman, 2016/2017). Noy(1984)는 예술은 정신분석적 관점에서 일차과정과 이차과정의 연결로 표현되면서 소통되는 특성이 있다고 분석하면서, 미적 경험의 특징은 예술이 일차과정의 내용에서 의사소통적이며 논리적으로 지각되는 유일한 매개물이라고 강조한다.

미술치료에서 명화 감상의 목적 중에는 감상자인 내담자가 예술 작품의 심리적, 정서적 내용을 감상하고 느끼면서 무의식적, 비언어적 의사소통을 경험한다. 감상자인 내담자는 작품 감상에서 자신의 내면세계를 무의식적으로 투사하고 감정이입과 동질감 및 동일시를 경험함으로써 시각적 의사소통이 이루어지게 된다. 이 과정에 미술치료사의 개입과 역할이 중요하다. 명화는 내담자 자신만이 아니라 내담자와 미술치료사 사이의 관계 소통에도 매개가 된다.

Benedetti(1992)는 미술을 통한 치료는 보편적, 무의식적, 자기 치료적 소망을 심리치료로 적용하는 것이라고 한다. 또한, 그는 정신적 고통을 겪는 예술가들의 적지 않은 작품에서 이러한 특성을 발견함으로써, 작품은 자기에 대한 진술이자 동시에 세계에 대한 진술이라고 강조한다. Benedetti는 이런 상황의 내담자 미술 작품을 Winnicott의 '상징적 중간대상'으로 이해하는데, 즉 작품은 자기 투사를 통해 세상을 경험하는 자기 관점과 세계관점을 내포하고 진술하기 때문이라는 것이다. 여기에 예술가가 작업 과정에서 자기 작품과 만나는 내적 의사소통과 작품을 감상하는 감상자 사이의 의사소통이 가능해진다.

Dannecker(2015)는 미술치료에서 시각적 의사소통뿐 아니라 언어적 소통의 필요성도 언급한다. 그녀는 미술치료에서 적지 않은 환자들이 언어적 의사소통을 원하며, 특히 신경증 환자는 대화를 통해 치료사와 관계를 더 맺고 싶어 한다는 것이다. 즉, 미술치료사도 시각적 소통과 함께 언어적 대화를 함으로써 치료과정이 완성되는 것을 경험한다. 이와 관련하여 미술치료사는 시각적 이미지를 미술치료 작업의 중심점으로 여기며, 그것을 의미전달과 의사소통의 계기가 되게 한다. Dannecker는 미술치료사는 시각 이미지뿐만 아니라 그림의 의미를 발견하고 이해하기 위해 환자와 의사소통을 함으로써 결국 치료적 변화를 가능하게 하는 비언어적, 언어적 치료과정을 경험한다고 강조한다.

명화 감상을 통해 내담자는 억압된 정서, 갈등, 문제들을 의식할 수 있으며, 자신에게 투사된 내용을 재작업하는 과정을 거치게 된다. 즉, 내담자는 명화를 통해 내적으로 의사소통의 문을 열게 되며, 이를 미술치료사와 다시 감상과 자기감정 및 의식에 관해 대화하는 과정에 이른다. 이러한 의사소통 단계를 통해 미술치료의 목적이 이루어질 수 있다. 이는 내담자는 명화 감상을 통하여 자신에게 투사된 내용을 재작업하는 과정에서 무의식적으로 자기 내면과 의사소통을 하며, 치료사와 작품에 관하여 대화하는 의사소통 과정에서 자신에 대한 의식화가 이루어진다.

또한, 예술 작품 감상 후에 미술치료사의 제안이나 내담자의 자율적 결정으로 내담자는 작품에 자극받은 개인적 내용을 자신의 그림으로 다시 표현할 수 있다. 감상을 통하여 일어난 자신의 감정, 기억, 자기 경험 등을 미술로 표현함으로써, 예술가가 작업 과정에서 자신의 작품과 씨름하고 대화하는 과정을 경험하듯이, 내담자는 미술치료에서 그림으로 자신과 비언어적 의사소통을 시도한다. 내적 세계를 시각적으로 표현하는 것 자체가 자기와 의사소통과 나아가 사회적 대화의 문을 두드리는 것이다. 이러한 활동으로 내담자는 감상자의 역할과 예술가의 몫을 동시에 경험할 수 있다. Tolstoy(1987/2011)는 '예술은 사람과 사람을 결합하는 수단'이라는 점에서 과거의 예술가 작품이 현대인들에게도 같은 감정을 느끼게 하는, 시대를 초월한 의사전달과 대화는 '인간을 행복으로 이끄는 데 없어서 안 되는 것'이라고 역설한다.

특히 언어로 의사소통을 하기 어려운 내담자, 예를 들어 의사소통 장애인, 함묵증 환자, 중증환자나 호스피스 환자, 뇌졸중 환자 등은 미술 감상 후에 미술을 통한 상징적 의사소통을 한다. 정여주(2016)는 언어로 의사소통에 어려움이 있는 내담자들이 은유적, 상징적 시각언어로 표현할 때, 미술표현의 질이나 완성도가 아닌, 내담자의 내적, 외적 상황을 시각적으로 표현하여 의사소통을 가능하게 한다고 전한다. 그림 문자나 영상 이미지를 넘어 동영상, 시각적−동적 이미지로 의사소통을 하는 것이 일상화되고 명화도 화상, 동영상으로 선택하여 볼 수 있는 오늘날, 이를 활용하여 미술치료에서 미술을 통한 의사소통의 새로운 접근 방안을 개발할 기회가 될 수 있다.

2) 방어기제 완화

Freud(1998/2004)는 예술은 인간의 본능 에너지, 꿈, 몽상, 금지된 욕망, 억압된 소망을 무의식적으로 충족하며 해방한다고 주장하며, 예술가들은 이러한 억압의 방어기제를 예술을 통해 승화한다고 본다. Freud(1989)는 판타지에서 현실로 돌아가게 하는 것으로 예술을 제시한다. 그에 의하면, 예술가는 갈등으로 인한 억압을 승화하는 강한 능력과 느슨함을 지니고 있다. 예술가는 자신만의 예술방식으로 현실로 돌아가는 길을 찾는데, 즉 예술을 보조적 매개로 자신의 잠재된 소원과 갈등을 승화로 표현하며, 정신세계에 있는 무의식을 인식하는 수단으로 본다는 것이 Freud의 견해다. 예를 들어 Freud(1998/2004)는 Leonardo da Vinci 작품인 〈성 안나와 함께 있는 성모와 아기 예수(Virgin and Child with St. Anne)〉에서 그의 어린 시절 두 어머니와의 관계, 금지된 소망을 환상적 묘사를 통해 무의식적으로 표현한 것으로 분석했다. 여기에 환상과 상상의 예술적 표현은 예술가의 억압과 방어기제의 완화 역할을 한다는 것을 알 수 있다.

이런 점에서 Freud는 "예술은 쾌락 원리와 현실원리를 화해시킨다." (Greenberg & Mitchell, 1983/1990)고 한다. Freud는 억압과 방어기제는 정신분석에서 '초자아 검열'로 일어나는 현상을 예술가와 예술 작품에 근거하여 분석하였는데, 이는 감상자에게도 같은 의미를 지닐 수 있다. 감상자도 예술을 통해 자신의 문제, 내적 소망 등을 무의식적으로 투사하면서 방어기제나 저항감을 낮출 수 있다.

Noy(1984)에 의하면, 예술가는 자기 정신의 심층에 존재하는 작품의 원래 의미를 그의 목적인 감상자 정신의 심층에 전달하기 위해 최상의 형태를 발견하려고 항상 고민한다. 예술가는 이 과정에서 세 번의 검열단계를 거치는데, 즉 예술가 개인의 내적 방어 및 통제, 감상자의 지각조직 표면의 보호장

치와 감상자의 내적 방어 및 통제다. 예술가의 임무는 '좋은 형태'인 예술에서 최소한의 저항과 통제로 원래 의미를 이 세 가지 검열단계에서 성공적으로 완수하는 것이다. Noy는 그중에도 예술창조의 결정적인 임무는 예술가의 메시지가 감상자 정신의 심층에 흘러들어가 지각기관의 표면적 방어를 부수는 것이라고 한다. 그는 예술가의 주된 임무 중의 하나는 잠재된 상징 의미들을 전달하고 또 감상자 정신의 더 깊은 층에 있는 반응을 일깨우기 위해 그의 작품이 무시되는 것을 막고, 감상자의 지각기관 필터가 발생하는 것을 막아야 한다고 강조한다. 이러한 것으로 감상자의 자아 방어는 느슨해질 수 있다는 것이다.

Schuster(2000)는 상징적 혹은 은유적 정신 역동 작업에 관한 예술가의 해결방식은 감상자에게도 그와 같은 가치를 지닌다고 하면서, 공격적 경향의 억압이 유머로 완화되는 사례처럼, 감상자도 작품을 통해 억압에 대한 정서적 완화에 이를 수 있다고 본다. 감상자가 예술 작품을 감상할 때, 자아와 초자아의 통제가 일시적으로 퇴행하는데, 이런 상황으로 감상자의 개인적 소망이 백일몽처럼 만족감을 얻는다는 것이다. 백일몽과 판타지로의 퇴행은 예술 작품 감상에서 잘 이루어지는데, 이유는 작품이 감상자 자신의 판타지로 만든 결과물이 아니어서 죄책감이 나타나지 않기 때문이라는 것이 그의 견해다. 이는 Kris가 Freud의 '예술가의 억압에 대한 여유' 관점에서 '자아 활동에서의 퇴행 Regression im Dienste des Ich' 이론으로 발전시켜 퇴행이 자아를 약화하는 방어 과정이 아니라, 창의적 과정의 유연성으로 보는 긍정적 가능성을 제시한(Schmeer, 1995/2004) 것과 연관되며, 감상자의 방어 완화와 긍정적 퇴행과도 연결된다.

Miro는 Gauguin이 "순수한 창작은 벽에 작게 그려 놓은 낙서다. 이는 진실한 창작이다."(Baos, 2016)라고 한 말에 자신의 의견을 제시한다. 즉, Miro는 "바로 그 때문에 나에게는 어린 시절이 매우 중요합니다. 이것이 진정한 창작입니다. 내가 관심을 가지는 것은 바로 탄생입니다."라고 말한다. 감상자는 이러한 유희적 놀이의 작품을 감상함으로써, 감상자 또한 어린 시절의 방어가 낮았던 시기로 돌아가 그에 공감할 수 있다. 예를 들어 미술치료에서 난화는 아동만의 활동이 아니라, 청소년, 성인도 형식이나 그림에 부담감 없이 하는 유희적 활동이다. 이런 활동은 심리적 이완과 방어기제 완화와 자유로움과 해방감을 느끼게 한다. 이를 보는 감상자도 그와 같은 심리적, 신체적 완화를 경험할 수 있다.

Winner(2004)도 감상자는 예술 작품 감상을 통해 자신의 금지된 소망을 무의식적으로 충족한다고 본다. 즉, "예술 작품을 창작하는 일과 감상하는 일 모두 금지된 소망을 충족한다."라는 그의 입장은 예술 작품이 방어기제 완화와 연결된다는 것을 알 수 있다. 이처럼 감상자는 작품 감상을 통해 자신의 억압이나 금지된 소망, 즉 초자아의 통제를 작품이 대신 표현해 주고 완화해 주는 것을 무의식적으로 체험함으로써 방어기제를 완화하게 된다. 내담자는 미술치료에서 예술 작품 감상을 재구성하는 미술 활동을 함으로써, 자기 상황을 이제까지와는 다른 방법으로 접근하거나 극복할 융통성과 힘을 얻게 된다. 이러한 과정을 통해 감상자는 '건설적 에너지'(Kramer, 1998)를 얻게 된다.

3) 정서적 해방감, 승화

예술 작품이 관객에게 정서적 해방감과 자기 정화 경험을 준다는 Aristoleles의 카타르시스 이론은 잘 알려졌다. 예술 감상을 통한 '억압의 해방'(Winner, 2004)은 예술의 중요한 역할이며, 동시에 감상자의 심리적 측면을 다루는 주요 관점이다. 미술뿐만 아니라 음악, 연극, 무용 등의 예술 작품이 보여 주는 감동, 기쁨, 즐거움, 놀라움, 불안, 슬픔, 불쾌감, 두려움 등의 정서는 감상자의 정서에 직접적으로 전달된다. Read(1972/2007)는 예술 작품은 감상자를 '움직인다.'고 한다. 우리가 예술 감상을 통해 '감동(感動)한다.'라는 말도 마음의 움직임, 감동이 감상의 본질에 해당한다. Read는 이러한 마음의 움직임은 정서와 관련되며, 우리가 예술 작품을 감상할 때, 자신을 '작품 속에 던져 넣음'으로써 그 안에서 자신의 감정들이 발견된다고 한다. 감상자가 예술 작품에 들어가서 느끼는 것이 Read가 말한 감정이입이다. 그는 작품으로 온전히 들어가기 위해서는 그림에 관한 편견이나 특수성에 관련된 지식이나 기대에 대한 선입견을 품지 않는 것이 전제되어야 함을 강조한다.

Phillips는 Rothko의 작품은 구체적 대상에 대한 기억보다 '불안정하거나 강렬한 옛 감정'을 떠올린다고 말한다(Cohen-Solal, 2015/2015). 이를 통하여 감상자도 그러한 감정을 전달받아, 정서적 긴장 완화와 감정들이 올라오고 나아가 정서적 해방감과 정화인 카타르시스를 경험할 수 있다. Read(1972/2007)는 예술가가 작품에 자신의 감정 상태를 표현하고 전하는 것이 중요한 일이라는 것을 아무리 강조해도 지나치지 않다고 한다. 감상자는 예술 감상에서 예술가와 이러한 감정적 교류를 하게 됨으로써, 감정이입이

되고 정서적 해방감을 경험한다. 또는, 감상자는 작품과 마주할 때, 모호했던 자신의 감정이나 심리적 역동을 인식하거나 발견하고 통찰할 수 있다.

특히 예술 작품 감상을 통한 방어기제 완화에는 감상자의 마음을 움직이는 '정서적 반응'(Schuster, 2000)과 감동이 중요한 역할을 한다. 억압에 대한 긴장이 높은 상태의 무의식적 방어기제는 인간의 정서적 이완, 심리적 흐름이 자연스럽게 표현되는 것을 방해하는데, 예술 작품 감상은 감상자에게 이런 방어기제를 낮추면서 내적 감수성과 감정이입의 기회와 감정을 일깨우는 감동을 제공하기 때문이다. 미술치료에서도 내담자는 미술을 통한 활동에서 방어기제 완화로 억압된 감정, 무의식적 욕구, 소망 등을 표출함으로써 해방감과 승화의 과정을 경험한다.

이는 미술치료에서 예술 작품 감상의 치료적 의미에 중요한 특성이 된다. 즉, 감상자인 내담자는 예술 작품을 통해 투사된 자신의 심리적, 정서적 상황이 무의식적으로 표출됨으로써 심리적으로 이완되며, 억압했거나 억제하는 내용의 초자아 방어를 완화할 수 있다. 또한, 내담자는 감상을 통한 심리적 이완과 방어기제의 완화, 즉 심리적 통제의 완화로 자신의 억압된 문제를 의식하거나 표출할 기회를 가질 수 있다.

Benedetti(1992)는 초현실주의 화가 Max Von Moos가 그의 자전적 글에서 병이 들었을 때, 환각에 빠졌다가 자신의 잠재의식에서 나온 혼란스럽고 무서운 것들을 수없이 반복해서 그림으로써, 어떤 법칙성을 만나면서 그것이 고통스러운 시간을 반영한 것을 알게 된다는 사례를 소개한다. Benedetti는 Moos가 자신의 고통을 그림으로 형상화함으로써 초현실적 괴물들이 더는 무의식의 심연에 있는 것이 아니라, 감각적 현실, 실제에서 그려졌다고 한다.

또한, Benedetti는 "그리기를 멈추면, 공허가 들이닥쳤다. 이러한 공허는 불안과 양심의 가책으로 채워졌다. …… 서로 싸우면서 중심을 잡는 형태로 화면을 채우고 어두운 바탕에 큰불이 난 것처럼 빛나는 색을 칠하는 작업 기간은 나에게 세상을 잊게 했다."라는 Moos의 글을 투사와 승화로 해석한다. 그는 화가가 자신의 고통 작업 중에 내면에서 보이지 않은 구경꾼의 존재를 느끼는데, 이 구경꾼을 작품에 투사하고 승화함으로써, 화가의 내면에 갇혀 있던 것이 자유로워진다고 강조한다. 바로 감상자도 Moos의 작품에서 이러한 과정을 본질을 경험할 수 있다.

Gogh(1999)는 그림을 그리는 것은 '전투'와 같으며 그리는 과정에서 구상을 포기하거나 변경하며 때론 파괴해야 할 때, 공격적 감정을 겪는다고 썼다. 이처럼 화가들, 특히 표현주의 화가들은 자신의 정서를 화폭에 옮겨 표현함으로써 감상자도 이러한 감정에 이입되며, 심리적 역동이 일어나면서 카타르시스를 경험한다. 이런 과정은 화가뿐만 아니라 감상자인 내담자에게도 억누르고 있는 감정을 인식할 수 있는 계기가 된다. 작품이 감상자에게 정서적 반응을 소환하는 예로 공격적 내용의 그림은 공격성을 억압하는 감상자에게 그런 감정을 더는 억누를 필요가 없는 대리만족을 준다(Schuster, 2000).

Franzen(2018)은 Scheff(1972)의 말을 인용하면서 작품 감상에서 경험하는 카타르시스는 "안전한 환경에서 과거의 정서적 위기들을 재경험하는 것"과 관계있다고 한다. 감상자는 작품을 감상하면서 자신의 정서적 위기를 기억하거나 재경험할 수 있다. 그러나 카타르시스를 경험하는 것은 감상자가 '작품과 거리를 두고 감상함으로써 자기 생각과 느낌, 감정과 기분의 균형'을 이룰 수 있을 때만 가능하다.

이러한 현상은 감상을 통한 치료적 작업에서 강렬하게 표출되는 경우가 많다. 내담자는 명화 감상을 통하여 명화의 내용, 인물 등과 동일시를 경험하여 억압된 정서를 표출함으로써 카타르시스를 느낀다. 또한, 감상 후 미술 활동의 재구성 과정에서 자신의 의식, 무의식의 내용까지 즉흥적이고 자율적으로 표현하면서 정서적 해방감과 승화를 경험한다. 이러한 치료적 과정은 직선적으로 이어지며 발전하는 것이 아니라, 순환적이며 심리적 퇴행과 전진을 반복하면서 진행된다.

4) 공감과 위로

우리는 미술 작품에서 고통과 슬픔을 느끼거나 혹은 위로를 받으며 가슴이 뭉클해진 경험이 있을 것이다. 이 상황은 백 마디 말보다 그림 한 폭이 자신을 공감하고 위로하는 순간이었을 것이다. 필자는 미술관에서 여성 감상자가 어떤 작품 앞에서 손을 가슴에 얹고 말없이 눈물을 흘리며 그림을 바라보고 있는 모습을 본 적이 있다. 그 순간 그 공간에는 오직 그녀와 작품만이 존재하는 것 같았다. 그녀는 그 작품에서 공감을 받았을까? 아픈 기억이 떠올랐을까? 위로를 받았을까? 어쨌든 명화 한 작품이 그 감상자의 마음을 쓰다듬어 주는 듯 보였다. 감상자가 상실, 슬픔, 고통 등의 심리적, 정서적으로 어려움에 있는 경우에 이런 상황을 더 강하게 경험한다. 이러한 감상 모습은 작품이 감상자에게 말을 걸어오며, 감상자 개인적 삶의 상황, 심리적 욕구, 문제를 의식하게 하고 그의 마음을 알아주는 것 같다. 감상자는 이 작품 앞에서 자신이 수용되고 이해받는다는 느낌을 얻게 된다. 바로 이 순간은 일반 관객

뿐만 아니라 치료가 필요한 내담자에게도 그림 감상을 통해 공감받고 위로받는 시간이다.

예술가가 깊이 느꼈던 감정이 감상자에게 전달되는 이러한 감정의 투사는 공감 경험과 삶의 에너지로 연결된다. Tolstoy(1897/2007)는 진정한 예술을 평가하는 가장 중요한 지표는 예술이 전하는 감동이라고 하는데, 예술 작품이 예술가와 감상자가 심적으로 하나가 되도록 환기하는 것이라고 할 때, 예술을 통한 공감, 동일시가 얼마나 중요한지를 알 수 있다. 예술 작품이 감상자의 심리적 상황을 공감하고 위로해 주는 정서적 특성은 예술의 중요한 사명이자 역할이다.

Miro는 작업 과정에서 자기 감정 상태와 변화를 다음과 같이 진솔하게 말한다.

"나는 열정적이고 격분한 상태에서 작업을 한다. 하나의 작품을 시작할 때는 그것에 뛰어들고 싶은 욕구, 신체적인 자극에 따라 움직인다. 이는 마치 감전과도 같은 것이다. …… 이는 나와 내가 행하는 것, 나의 작품, 나와 나의 불쾌감 사이의 싸움이다. 이 싸움은 나를 흥분시키고 나를 열중하게 한다. 나는 나의 불쾌감이 멎을 때까지 작업을 한다."(Baos, 2016)

Miro의 이러한 감정적 싸움 과정은 감상자에게도 그대로 전달되어 그 감정을 되새김질하게 하는 감정이입과 공감을 경험하게 한다. 이처럼 예술 작품의 감상에서 감정이입과 공감은 예술가와 감상자 사이의 만남과 의사소통 기제가 된다.

May(1975/1999)도 창조 활동에서 인간이 첫째로 느끼는 것은 만남(encounter)이라고 한다. May는 예술의 주된 바탕은 예술가의 창조성인데, 이는 '인식의 강렬함이나 의식의 고양'이라는 특성이 있으며, 창의적 예술가는 고양된 의식의 즐거움을 경험하며 자신의 잠재력을 실현하는 체험을 한다고 본다. 그는 이런 강렬한 만남은 반드시 의식적 목적이나 의지 행위로만 결부되는 것이 아니라, 몽상이나 꿈같은 무의식 수준에서도 일어날 수 있다고 한다. 예술가가 창조과정에서 만난 강렬한 만남은 감상자에게도 전염되는데, 여기서 공감이 일어나고 공감은 의식이나 합리적 논리를 넘어 감정에 직접적으로 전달되고 연결된다.

Franzen(2018)에 의하면, 예술 작품 감상에서 공감은 그 작품에 즉흥적이며 편견 없이 감정을 이입하는 것이다. 그는 여기에 직감과 같은 개인의 심리적 특성, 구체적으로 감상자의 생각, 소망, 감정과 판타지를 포착하는 것이 중요하다고 본다. 나아가 그는 예술 작품에 감정이입을 하기 위해 감상자는 먼저 작품의 '감각-내용'을 이해하고 '심리적 에너지'를 끌어올릴 수 있어야 한다고 주장한다. 즉, 감상자는 작품에 감정이입과 공감을 함으로써 심리적 에너지가 강화되는 것을 느끼며, 심리적 안녕감과 자존감이 높아지는 것을 경험한다.

Read(1968)는 예술 작품이 감상자를 끄는 매력은 부분적으로는 예술 작품에 심리의 무의식 층에서부터 나온 원상(原像)이 존재하는 데 근거한다고 강조한다. 여기에서 원상, 원형은 Jung의 입장에서 모든 인간에게 근원적으로 존재하는 집단 무의식과 연결되는데, 이러한 원형, 집단 무의식으로 감상자는 공감의 뿌리를 갖을 수 있다. Rufolo(2018)는 미적 작품은 성찰적 대상이며, 작품을 공감하는 것은 통합과 치유의 특성을 보인다고 한다.

감상에서 마음을 움직인다고 해서 감상자가 감상주의적으로 빠지는 것은 아니다. 위대한 예술의 힘은 감상자에게 '정서와 정신의 힘을 균형 있게 연결' (Bill, 1955/2001) 해 주기 때문이다. 미술치료에서 공감과 위로는 치료의 효과에 중요한 요소다. 내담자는 치료사와 집단 참여자들의 공감과 위로를 통해 치유 경험을 한다. 명화 감상에서는 미술 작품이 전하는 메시지를 통해 감상자 혹은 내담자가 공감을 경험한다. 공감 없이는 위로란 존재하지 않으며, 위로에 공감이 없으면 영혼 없는 위선적 행위가 된다. 위대한 예술은 한 작품으로도 감상자에게 이러한 공감을 불러일으키거나 위로를 전한다.

두 번의 세계대전에서 두 아들을 잃은 독일의 미술가 Kollwitz는 소외당하고 학대받는 가난한 사람과 전쟁의 참상을 표현하는 데 전 생애를 바쳤다. Krahmer(1981)는 Kollwitz 생애를 다룬 저서의 첫 글을 다음과 같이 시작한다.

"함께 울고, 공감하며, 함께 싸우고, 함께 궁핍한 상태: 그 어떤 것도 Käthe Kollwitz와 그녀의 작품보다 이러한 정서적이며 유대감을 지향하는 '함께'를 나타낼 수 없다."

Krahmer는 Kollwitz 예술의 본질과 영향을 '함께(mit)'라는 단어에서 찾으면서, Kollwitz를 예술적 성공을 위해 작업하지 않고, '내적 필연성'과 그녀의 '시대에 관여'하는 예술가로 평가한다. 또한, 그녀는 Kollwitz의 모든 예술 작품은 그녀가 묘사한 대상과 자신을 동일시하는 '공감'이 전제된다고 한다. Kollwitz는 "가난한 사람들과 학대받는 이들에게 깊은 연민을 느끼고" (Gombrich 1995/2017) 그들의 삶의 실재를 그림과 판화로 그렸다. 그러나 다른 한편으로 Gombrich는 그녀의 작품이 감상자의 마음을 누그러뜨리거나 달래주는 요소가 없다고 비판을 받았다고 한다. 그러나 Kollwitz는 바로 이러한 형상을 가감 없이 표현함으로써 오히려 감상자에게 공감을 줄 수 있다.

Kollwitz의 작품은 인간의 현존을 포기하지 않는데, 그 이유는 인간을 통해서만 그녀는 자신의 심중을 고백할 수 있기 때문이며, 나아가 여성으로서 겪은 것과 인간으로서 체험했던 것만을 형상화한 점에서 자전적 의미를 담고 있다(Krahmer, 1981). Kollwitz 작품의 인간 고통과 죽음과 이별과 상실에 대한 작가의 표현은 감상자에게도 강한 공감과 위로로 전해진다.

사물의 밝은 면만을 보여 주기를 거부했던 Kokoschka가 작품 〈놀고 있는 어린아이들(Children Playing)〉에서 과거의 거장들이 보여 주었던 어린아이들의 예쁜 모습을 그리지 않아 감상자와 비평가들에게 충격을 주고 비판을 받았지만, Gombrich(1995/2017)는 Kokoschka가 아이들을 깊은 연민과 동정심으로 보았다는 것을 느낄 수 있다고 평한다. 이와 같은 연민과 동정심은 그 대상에 대해 공감적 시선과 마음이 없으면 일어나지 않고 표현될 수도 없다.

Kandinsky(1952)는 예술 작품은 외적 요소와 내적 요소로 이루어지는데, 진정한 예술가는 그의 작품인 외적 요소에서 '내면적이고 본질적인 감정'인 내적 요소를 표현하며, 감상자에게도 이러한 내적 요소를 환기한다고 한다. 그의 관점에서 예술가와 예술 작품과 감상자는 감정을 나누는 공감 경험을 공유한다. 혹은 예술가의 시각적 표현과정에서 자신의 감정을 표출하며 그림이 자신을 공감해 줌으로써 예술가가 먼저 자기 작품에 공감을 받을 수 있다. 이런 과정이 감상자에게도 공감으로 연결될 수 있다.

우리도 괴롭거나 우울한 기분이나 슬픔, 애도 과정을 겪고 있을 때, 어떤 작품을 감상하면서 그 내용, 색채, 구성이 바로 자신의 마음을 표현해 주며 어려움을 겪는 자신을 위로해 주는 경험을 할 수 있다. 어떤 그림은 행복했던 기억, 평화로웠던 기억, 즐거웠던 기억을 떠올리며 감상자에게 그 기억의 시간을 생생하게 현재화하여 내면의 힘을 준다. 그뿐만 아니라 고통을 표현한 그림에서 감상자는 공감과 자기 동일시를 경험하며, 감상자 자신 혼자만이 이 세상에서 고통을 겪는 것이 아니라는 위로받는 느낌이 들 수 있다. 이는 미술이 '삶의 한계와 실존위험에 대한 피난처를 제공'(Kossolapow, 1975)하는 것과 같은 맥락이다.

Tolstoy(1897/2007)는 참된 예술의 중요한 지표는 '예술의 감동성'이라고 하면서, 이러한 감동으로 감상자가 예술가와 심리적으로 하나가 되는 상태를 만드는 것이 예술 작품이라고 한다. Tolstoy에게 예술 작품은 감상자가 예술가와 완전히 일체가 되어 마치 감상자 자신이 표현하려고 구상했던 것으로 여겨지는 것이라고 하는데, 여기에서 온전한 공감을 경험하고 또 위로를 받는다. Tolstoy는 사람들 간의 거리감, 고독감을 해방하며, 감상자가 예술가의 정신에 감동되고 공감하여, 그와의 결합을 느낄 수 있도록 환기해 줄 수 있는 작품이 진정한 예술품이라고 강조하면서, 이 모든 것은 예술가의 진지함에서 발현한다고 한다.

이처럼 미술치료에서도 미술 작품 감상은 내담자에게 공감과 위로를 제공하며 나아가 내담자의 심리적 피난처가 된다. 내담자인 감상자가 찾던, 표현하고 싶어 했던 혹은 무의식에 있었던 감정은 Tolstoy의 말처럼 감상을 통해 비로소 발견하고 공감하게 되면, 감상자는 '통쾌한 만족'을 얻는다. 이는 공감 경험을 통한 위로와 만족감의 치유력에 해당한다. 이러한 감상은 단순히 작품에 대한 수동적 감상이 아니라 개인사와 관련된 적극적이고 능동적 감상이며 치유 활동이다.

Gogh(1999)는 동생 Theo에게 보내는 편지에 인물화나 풍경화를 통해 그가 표현하고 싶은 것은 '감상적이고 우울한 것이 아니라 뿌리 깊은 고뇌'라고 하면서, 자기 그림을 감상하는 사람이 자신이 그렇게 깊이 고뇌한다는 것을 알 수 있도록, 자신의 모든 것을 바쳐 그러한 경지에 도달하고 싶다고 쓴다. 화가의 이 글은 자신의 고뇌가 감상자도 공감할 수 있기를 바라는 고백이다. 감상자가 예술가의 작품 속 고뇌에 공감하게 될 때, 자기 개인의 고뇌 또한 그림을 통해 공감과 위로받는 경험을 한다. 이는 Tolstoy(1897/2007)가 말한 것처럼 "진정한 예술은 쾌락이 아니라, 사람과 사람을 결합함으로써 함께 같은 감정을 결합하고, 인생 및 개인을 온 인류의 행복으로 이끄는 데 없어서는 안 될 수단"이라는 예술의 역할과 같은 의미를 지닌다. Gogh가 표현하고자 하는 깊은 고뇌가 감상자에게도 전달되어 감상자가 겪은 감정과 연결되어 위로를 받을 때, 그는 예술가의 진정한 역할을 하게 된다. Gogh가 이처럼 자신과 같은 감정을 나눌 수 있는 감상자를 고려했다는 것은 예술을 통한 공감과 위로의 치유 의미를 전한다.

　미술치료에서 내담자는 미술 작품 감상 후에, 내담자가 작품과 관련한 재구성 활동을 하면서 자신이나 다른 내담자의 작품을 다시 감상하게 된다. 여기에서 내담자들은 문제 해결을 위한 다양한 접근 방법에 대한 아이디어를 얻거나 다른 참여자도 자신과 비슷한 문제를 겪는다는 동질감을 느끼며 공감과 위안을 얻는다. 또한, Rufolo(2018)는 예술 작품 감상이 개인사의 정서적 경험내용과 회상을 더 잘 언어화하기 위해서 수용적 미술치료와 상상적 방법에 활용될 수 있다고 제시한다.

5) 희망

Tolstoy(1897/2007)는 "예술은 언어와 같이 인간의 감정을 바꾸게 하며, 진보와 완성을 향해 정진하는 인류 운동의 한 수단"이라고 한다. 그는 감정의 진화는 예술을 통해 이루어지며, "인류의 행복을 위해 부정적 감정을 좀 더 친절하고 필요한 다른 감정으로 바꾸는 것이 예술의 목적"이라고 한다. 또한, Tolstoy는 미래의 예술가는 "자신의 마음속에서 일어나는 가장 높은 정신력의 열매를 가능한 많은 사람에게 전달하는데 자신의 행복을 찾을 것"임을 강조한다. 이는 예술과 예술가는 인간에게 행복으로 다가갈 수 있는 희망과 위로를 전하는 사명이 있으며, 예술가 자신이 정신적 성장으로 정진하는 것이 바탕이 되어야 한다는 것을 역설한다.

미술사를 살펴보면 화가들 중에는 그들의 작품에 전쟁, 파괴, 상실, 공포, 불안, 파괴, 죽음 등을 감상자가 보기에 불유쾌하거나 회피하고 싶거나 기괴하거나 압도적 느낌을 미적 표현으로 재현한다. 특히 20세기 화가들은 1, 2차 세계대전을 겪으면서 이러한 참상을 주제로 자신만의 판타지와 창의성과 표현방식으로 창조해 냈다. Picasso, Kollwitz, Beckmann, Dix, Felixbaum, Moos 등은 미술로 인간의 개인적, 집단적 고통을 묘사했다. 화가들은 전쟁의 참혹한 현실에 좌절하고 고통받으면서 붓을 무기로 그러한 참상을 표현하여 알리고 극복하고자 했다.

Kollwitz는 예술가로서의 거의 전 생애를 걸쳐 인간의 비참한 고통을 표현했는데, Schmalenbach(1965)는 Kollwitz의 위대함은 이러한 고통에 대한 강렬한 공감을 평생 그녀의 작업에서 감정의 힘과 시각언어의 힘으로 표현했다고 평가한다. Kollwitz는 연필을 무기로 하여 인간의 고통을 돕고 마음을 누그러뜨리려 하였으며, 인간의 양심을 촉구한 것이 그녀의 작품 특성이라고 Schmalenbach는 강조한다. 필자는 독일 쾰른의 Kollwitz 미술관에서 처음으로 그녀의 작품을 보았을 때, 작품들이 강렬하고도 압도적이어서 그 앞에서 발을 떼지 못했던 기억이 몇 십 년이 지나도 바래지 않고 선명하다. Kollwitz 작품의 강렬함 뒤에는 작품이 전하는 공감이며 위로였다. 필자는 그러한 공감과 위로가 희망을 품고 있다는 것을 미술관을 여러 번 방문하고 감상하면서 이해하게 되었다.

멕시코 국민화가로 칭송받는 Frida Kahlo는 유년 시절 소아마비와 청소년기 교통사고와 여러 번의 수술로 출산을 할 수 없는 고통과 사랑하는 남편의 자유분방한 여성 편력으로 배신감을 느끼며 이혼과 재혼으로 평생을 고통 속에 살았다(Herrera, 1991). 그녀는 몸을 움직이기 어려운 육체적 고통과 사랑의 상처, 외로움, 슬픔 등의 정신적 고통 속에서 그림 대부분을 침대에 누워서 자신의 고통을 자화상 시리즈와 더불어 수많은 작품을 강렬한 그림으로 남긴다. 그녀는 타임지 기자와의 인터뷰에서 "나는 아프지 않아요. 나는 망가졌어요. 그러나 나는 내가 그림을 그릴 수 있는 한 살아 있다는 것이 행복해요."라고 고백한다.

Kahlo의 전기 작가 Herrera(1991)는 이 예술가에 대해 다음과 같이 서술한다. "Frida는 아픈 사람, 실로 슬픔에 짓눌린 모든 사람에게 희망을 준다. 그녀의 그림들은 너무 강렬해서 그녀의 그림을 감상하는 사람들은 Frida가 그들에게 직접적이며 특별하게 말하고 있다고 느낀다. 그리고 그녀의 모든 고뇌에도 불구하고, Frida Kahlo의 마지막 선물은 기쁨의 탁월함이다."

또한, Herrera는 Kahlo가 죽음을 몇 달 앞두고 일기에 쓴 글을 인용하는데, 다음과 같다.

> 나는 많은 것을 성취했다.
> 나는 걸을 수 있을 것이다.
> 나는 그림을 그릴 수 있을 것이다.
> 나는 나 자신을 사랑한 것보다
> 디에고를 더 사랑한다.
> 나의 의지는 엄청나다.
> 나의 의지는 여전하다.

이러한 의지를 일기에 쓴 Kahlo는 1954년 그녀의 마지막 작품에 자신이 좋아하는 여러 개의 수박 정물을 그리고 쪼개어 놓은 조각 수박에 "Viva La Vida Frida Kahlo", 인생 만세 Frida Kahlo 라고 쓴다. 그녀는 죽음 앞에서도 두려움 없이 자신의 삶을 빨간 수박의 싱싱한 생명력과 삶의 희망을 보여 준다. 화가 Kahlo는 삶과 죽음의 경계를 오가는 여러 번의 트라우마를 겪으면서도 그림으로 고통과 맞섰고 고통 속에 살아남을 수 있는 희망의 위대함과 숭고함을 전한다. 그러한 희망에서 우리 감상자는 위로와 희망을 얻게 된다.

2차 세계대전으로 나치에 의해 퇴폐 그림으로 낙인찍혀 많은 작품을 빼앗기고 자신의 고향 스위스 베른으로 쫓겨난 대표적 아방가르드 화가인 Klee는 고향에서 피부경화증 투병을 했다(Giedion-Welcker, 1977). 그는 그러한 비극적 상황을 겪으면서도 60세로 세상을 떠나기 전 몇 년 동안 수많은 선화(線

畫)를 그려, 자신의 운명과 병과 죽음을 마주한 상황에서도 높은 자의식과 삶과 죽음의 철학적 사유로서 창조적 삶의 예술혼을 남겼다. Klee는 생의 말기에 미술사가며 미술비평가인 오랜 지인 Grohmann에게 보낸 글에서 인간적, 시대적 고통과 절망을 희망으로 표현했다.

"나는 최근에 비극에 꽤 빠져 살았어요. 나는 운 좋게 (그리스 신화) 오레스테이아 3부작 번역을 연달아 한 장씩, 한 장씩 읽었답니다……. 물론, 나는 그것으로 비극적인 상황에 빠지지 않는데, 나의 많은 종이가 그것을 증명하고 말해줍니다. 이제 시간이 되었습니다. 내가 한 개의 별자리를 만들 수 있을지요? 나의 체험은 꿈에서처럼 추락할 때까지, 오랫동안 정박하여 그것을 간직할 만큼 충분히 깊을 것입니다. 그해는 그림을 충분히 그렸습니다. 나는 그렇게 많이 그린 적도, 그렇게 집중적으로 그린 적도 없었어요……."(Museum Folkwang Essen, 1989)

Klee는 이 글을 통해서 절망과 고통 속에서 희망이 그 존재를 드러내는 것을 그림에서 찾았고 또 발견했다. 감상자도 그 상황의 작품 감상을 통해 예술가의 고통과 절망의 묘사가 간절한 희망을 품고 있다는 것을 보게 된다.

이런 맥락에서 Benedetti(1992)는 Moos 작품에 표현된 무섭고 기괴한 환영들에서 숨겨진 잠재된 희망의 차원을 심층심리학 관점에서 분석했다. 의사인 Benedetti는 치료에 희망이 없으면 치료가 아니며, 자가치료도 불가능하다고 강조한다. 그는 희망이란 일어날지 모를 자기기만이 아니라, 궁극적, 현실적 예감이라고 본다. 그는 Moos가 병으로 환각에 빠진 고통스러운 상황에 잠재의식에서 나온 내용을 수없이 반복해서 그린 경험을 "내가 소묘와 그림을 그리지 않았더라면 나는 정신병원으로 갔을 것이다."라는 글을 인용하면서, 이런 심리적 과정을 자아가 여과하지 못하고, 통합하고 조직화할 수 없을 때, 병이 자아를 엄습한다고 이야기한다.

Benedetti에게 희망은 역설적으로 의식된 희망을 포기한 '잠재된 희망'이다. 그는 '잠재된 희망'을 Freud의 문제 뒤에 숨어 있는 잠재된 소망, 꿈과 같은 것으로, 절망과 부정적인 것들 뒤의 지평을 열어젖힐 수 있다고 본다. Benedetti는 예술가와 환자가 하는 말은 희망적이지 않은 내용일 수 있지만, 미술치료에는 희망이 예술작업과 그것을 감상하는 관객이라는 이원성에서 이미 함축되어 있다고 본다. 이 둘 사이의 긴장에서 창의적 그림이 계획되고 받아들여지는데, 화가는 자신의 고독에서 그림을 그리고, 잠재적 관객인 감상자는 화가와 연결된다. Benedetti는 Moos의 그림처럼 화가는 화지에 그림을 그리면서 자신이 희망을 이미 무의식적으로 표현할 수 있는데도 불구하고, 그가 여전히 말을 부정적으로 한다는 점을 제시한다.

Benedetti가 말하는 희망은 환자나 화가에 의해 체험된 비극적 현실의 미화나 개인적 퇴행도 아니다. 그가 말하는 그림이 품고 있는 희망은 더는 유년 시절처럼 성찰하지 않은, 즉 천진난만하고 어린이다운 그런 희망이 아니라, 이미 알고 있는 진지한 희망이다. Benedetti는 Moos의 작품 〈스탈린그라드 (Stalingrad)〉에 알려진 희망은 '탈 비극'의 희망이라고 한다. 희망이 비극적 사건에 의해 더는 파괴되지 않는 이유는, 희망의 근원적 차원이 사랑이라는 경험에 뿌리를 두기 때문이라고 그는 강조한다.

Steiner(1921/1991)는 예술이 인간세계의 혼돈(Chaos)을 질서(Kosmos)로 변화시킬 수 있다는 견해를 피력한다. 그는 비극, 무질서, 혼란, 혼돈은 질서, 아름다움의 상관개념, 대립개념으로 예술은 한 극에서 다른 극으로 옮길 수 있으며, 이를 통해 자유를 획득할 수 있다고 한다. Steiner는 감상자가 전시장에서 끔찍한 그림을 보는 것은 마치 창문 너머 있는 것을 보는 것과 같으며, 감상자가 보는 것은 외부에 있으며 더는 그곳에 실재하지 않는다고 한다. 이러한 경험을 통해 감상자는 실재의 끔찍함을 극복할 수 있다는 것이 Steiner의 견해다. 그는 인간의 정신적 혼돈, 황폐한 현실이 예술을 통해 표현됨으로써, 감상자는 그것에 머무르지 않고 희망과 자유를 얻을 수 있다고 전한다.

Goethe는 예술로 대표되는 "아름다움이라는 지고의 감정은 믿음과 희망의 감정과 결부되어 있는 것"(Goethe, 1997)이라고 한다. 예술의 표현 형식은 변하여도 예술이 우리에게 전하는 메시지에는 희망이 존재하며, 감상자는 그러한 힘에 공감하는 경험을 한다.

6) 자아 성찰, 명상

노르웨이 화가 Munch는 자신의 그리는 행위가 자아 성찰이기 때문에, 감상자도 그러한 태도를 보일 것을 바라는 글을 쓴다.

"사실상 나의 예술은 내 자유의지가 낳은 고백이자, 인생에 대한 관조를 명료하게 드러내려는 시도와 다름없다. …… 근본적으로 그것은 내 자의식의 표출이다. 하지만 내 작품을 통해 다른 사람들 역시 나처럼 자신의 인생을 명료하게 관조할 수 있기를 바라마지 않는다"(Bischoff, 2005/2005).

Cézanne에게는 젊은 시절 고통스러운 경험과 고독이 화가로서의 자양분과 절대적 내적 발견을 할 수 있는 작품의 근거가 되었다(Benedetti, 2006/2007). Cézanne의 자원은 특히 자연과 색채의 탐색과 조화와 나아가 우

주의 리듬에 자신의 작품이 통합되기를 바라는 것으로 표현되어, 감상자에게 자아 성찰의 울림을 준다. Cézanne에게 그림 그리기는 고요와 침착함과 하루의 일과를 위한 정서를 발견하는 새벽기도와 같은 의미(Clausen, 1994)를 지니는데, 예술가의 이러한 몰두와 집중력과 기도와 같은 의례는 감상자에게도 명상과 자기성찰과 기도의 본질적 의미를 전달할 수 있다.

Schiller(1802/2000)는 예술에 정신과 영혼이 표현될 때, 그 예술은 고귀하며, 감성적 관심만 자극하는 것은 비속하다고 주장한다. 그는 우아한 아름다움인 우미(優美)는 예술의 미와 가장 잘 결합하는 것으로, 그 특성은 고정적이지 않고 '생동적인 미(Bewegliche Schönheit)'라고 한다. 그는 "우미가 생성되는 곳에서 감동의 원리는 혼이며, 혼 속에 생동적인 미의 근거가 포함되어 있다."라고 하면서, 우아미는 자연의 미가 아니고, "주체 그 자체에 의해서 생성되는 미"라고 한다. 예술을 통해 고양되고 얻어지는 표상 미는 우리가 감상하고 받아들이는 자아와 관련이 있으며, 그 대상을 통해 우리 감상자에게 변화를 경험하게 한다.

Schiller의 관점은 감상자가 명화를 감상하면서 예술가의 위대한 영혼의 표현을 경험한다는 것을 제시함으로써, 감상자의 혼은 자아 성찰의 중요한 요소가 된다는 것으로 이해할 수 있다. 즉, 인간은 예술을 통해 감성과 이성이 화해하며 조화로운 경지에 이르는 '아름다운 혼'에 맞닿을 수 있으며, 이는 자아 인식과 자아 성찰과 명상으로 연결된다.

Dilthey(1984/2017)는 예술의 가장 고유한 특성은 삶의 긴장에서 벗어나 삶과 사물의 가치를 누리며, 이러한 향유의 자유로운 유희 속에 체류하는 것으로, 여기에서 삶의 의미가 가시적으로 된다고 한다. Dilthey가 위대한 예술은 '삶의 수수께끼에 대한 체험'이라고 하듯이, 감상 또한 예술가가 추구한 삶의 수수께끼를 함께 풀어 가는 행위다. 감상자는 예술 감상을 통해 인간 존재와 삶의 정신적, 영적 세계의 깊이를 체험할 수 있으며, 예술이 '정신적인 것'으로 연결되듯이 감상자도 이러한 정신적인 면을 성찰하게 된다. 즉, 예술 감상을 통해 감상자는 '자신의 낡은 지각방식을 파괴해가는 경험'(Palmer, 1969/2011)을 하는데, 바로, 이 경험이 자아 인식과 성찰의 기회를 제공한다. Dilthey(1984/2017)는 '삶의 경험은 성장하는 삶에 대한 성찰과 반성'이라 하며, 이를 통해 우리 삶에 가치 있는 것들을 통찰하고 승화한다고 한다. 또한, 그는 삶의 경험에 초석을 이루는 것은 개인의 체험들이며, 이러한 체험에서 삶의 가치가 이루어진다고 한다.

자신의 작품에서 조화와 균형을 강조한 Matisse는 그림이 감상자에게 주는 성찰적, 명상적 영향을 다음과 같이 쓴다.

"나는 균형과 순수성의 예술을 추구한다. 불안을 주지 않고 혼란스럽지도 않은 예술을 추구한다. 나는 피곤하고 인생에 과도한 부담을 진, 상처가 난 사람이 그림으로 평화와 고요를 발견할 수 있기를 바란다."(Essers, 1993).

Matisse는 이러한 관점에서 "예술가는 그의 작업에 항상 진실해야 하는 것을 아무리 강조해도 모자람이 없다. 그래야만 예술가는 자신의 작업을 아주 겸손하게 받아들이기 위해 그가 가져온 높은 불굴의 정신을 성취할 수 있다." 라고 강조한다.

독일의 표현주의 운동에 Kandinsky와 '청기사'와 '청색 4인조'에 참여한 러시아 출신 Jawlensky는 1차 세계대전을 겪으면서 독일을 떠나 스위스에 머물며 그림을 계속 그렸다(Deutscher Taschenbuch Verlag, 1976). 그는 1차 세계대전 시기의 작업인 〈풍경 주제의 변주곡(Variationen über ein landschaftliches Thema)〉에 대해 훗날 다음과 같이 글을 쓰며 그 당시의 작업을 회고했다.

"나는 예술에서 새로운 길을 찾기 시작했다. 그것은 인상적인 작업이었다. 나는 내가 본 것을 그리지 않아야 했으며, 심지어 내가 느낀 것도 그리지 않고, 내 안의, 내 영혼에 사는 것만 그려야 한다고 이해했다. 비유적으로 말해서 나는 내 안에서, 내 마음에서 오르간을 느꼈으며 그것을 음조로 가져와야 했다. 그러자 내 앞에 있던 자연은 아주 작은 소리로 들려 주었다. 그리고 그것은 이 오르간을 열고 음조를 표현하게 한 열쇠가 되었다."

신앙심이 깊었던 Jawlensky는 그 후 인간의 두상을 집중적으로 그렸으며, 나아가 초인적인 모습인 작품 〈성상(Heilgengesicht)〉 〈그리스도 두상(Christuskopf)〉 〈가시관(Dornenkrone)〉을 표현했다. 특히 그는 65세에 관절염으로 인해 마비를 겪으면서 그의 후기 작품에 해당하는 작은 크기의 화폭에 명상 시리즈 〈내적 관조(Inneres Schauen)〉 그리기에 몰두했다. 평생의 예술가 친구인 Kandinsky는 Jawlensky의 명상 작품을 선물받고 그에게 편지를 보낸다.

"깊고 감동적인 색조들이 놀랍네. 전체적으로 아주 심오한 깊이와 동시에 생생한 활기를 주는 인상을 받았다네. 나는 그대의 내적, 정신적 삶의 힘에 대해 깊은 경의를 표하네."

Jawlensky의 작품에 대한 명상적 태도는 그의 글에서도 확인할 수 있다.

"나는 나를 위해, 오직 나와 나의 신을 위해 작업을 했다. 나는 자주 고통으로 힘을 잃게 된다. 그러나 나의 작업은 색을 통한 열정적 기도다. 나는 황홀경과 눈물로 그림을 그린다. 나는 어둠이 밀려와 나를 둘러쌀 때까지 그림을

CHAPTER 2 명화 감상의 치유력, 치료적 특성

그린다."

Arnheim(1966/1995)은 '예술의 형식적 접근은 예술의 본질인 마음의 안정을 흩뜨리는 충동을 막아내는 장치'로 보면서, 음악회나 화랑이나 연극의 관객들이 작품을 쉽게 평가하는 것에 대해 그들이 Beethoven이나 Shakespeare나 Matisse와 같은 예술가를 "영적 차원에서 깊이 받아들이지 않는다"라고 비판한다. 즉, 그러한 관객은 예술가들과 매우 냉정하게 분리되어 말한다는 것이다. Arnheim에 의하면, 이러한 감상 태도는 "예술가들을 마비시키고 감상자를 시각장애인"으로 만드는 위험이 있다. 이런 이유로 그는 화가의 "사고와 행동은 자신의 가장 심오한 비전(vision)을 추구하면서" 겸허함을 가져야 한다고 주장한다. 또한, Arnheim은 바람직한 감상자는 "예술가가 그려낸 비전에 몸을 내맡겨 주는 사람"이며, 이러한 감상자는 감상을 통해 자신의 삶이 풍요롭게 되며, 자신의 눈과 귀가 뜨이고 예술가와 감상자 사이의 거리감이 좁혀지게 된다고 한다.

May(1975/1999)는 감상자가 예술가들이 단순히 '자연을 복사'한다고 생각하는 것은 불합리하다고 한다. 그는 예술가들에게 자연은 그들의 세계를 보여 주는 매체이자 언어로서, 진정한 화가는 세계에 대한 깊은 심리적, 영적 관계를 있는 그대로 보여 주는 것이라고 한다. Munch는 "내가 그리는 선과 색은 모두 내면의 눈으로 본 것이다. 기억에 의존하고, 다른 것을 더하지 않으며, 눈이 보이지 않는 세부는 그리지 않는다."(Bischoff, 2005/2005)라고 고백한다. 이러한 Munch에 대해 Krohg는 "화가가 자신의 내면을 솔직히 드러낼 때 예술은 비로소 완성된다."라고 한다. 또한, Munch가 생의 만년에 그린 〈창문 옆에서(By the Window)〉에 대해 Bischoff은 이는 삶과 죽음의 양극단이 엄청난 힘으로 엄습해 오는 작품으로, 그의 얼굴과 우중충한 청록색 옷과 강렬한 붉은 색의 배경의 실내와 눈과 얼음으로 뒤덮인 창밖의 풍경은 삶과 대치하고 있는 상황을 여실히 보여 준다고 평한다. Bischoff은 이 그림은 "삶의 중력과 사물 사이에 얻어진 한순간의 승리"로서 인생의 승리를 표현하며, "삶과 죽음, 수직과 수평, 움직임과 정적의 조화"를 보여 준다고 평한다. 이러한 작품은 삶과 죽음에 관한 화가의 명상과 자아 성찰의 결과물이 되며, 감상자를 이런 관조의 태도로 초대한다.

May(1975/1999)는 위대한 화가의 작품은 그가 살던 역사에서 인간의 정서적, 정신적 삶의 성찰을 반영해 준다고 본다. 그러므로 그는 감상자는 조용히 오랫동안 탐구하듯 작품을 감상하는 것이 가장 좋은 방법이라고 제안한다. 여기서 감상자는 예술가와 작품과 만나며 인간의 삶을 성찰할 수 있다. 감상자는 그림이나 조각 등을 감상하면서 의도된 명상 의례를 따르지 않더라도 자연스럽게 정서적 이완을 하며 작품에 몰두할 수 있다. 혹은 미술관에서 그림 앞에 서서 감상에 몰두하고 집중하는 사색 상태는 성찰의 시간이며 명상 과정이 된다. Rothko의 작품 전시를 기획한 Phillips는 Rothko의 작품은 감상자를 명상으로 빠지게 하며 마음을 고양한다고 한다(Cohen-Solal, 2015/2015).

사색과 명상은 몰두와 집중의 고요 상태에서 우리에게 내면의 자아를 굳건하게 하며, 자기통제와 정신적, 영적 발전과 통합된 자아로 이끌어 준다. 바로 명화 감상도 명상의 중요한 도구다. 다양한 종교에서 교인들이 성화를 바라보며 기도하고 명상하는 의례는 잘 알려졌지만, 종교를 초월하여 우리 누구나 미술 작품을 감상함으로써 자기 마음을 살피는 명상과 자아 성찰을 할 수 있다.

명화 감상은 취미나 미적 취향을 넘어 인간 실존과 나아가 환경과 사회와의 관계에 대한 성찰로 연결될 수 있다. Matisse는 이러한 관계를 다음과 같이 쓴다(Essers, 1993).

"우리가 자연에 대해 말할 때, 우리는 자연의 일부로서, 우리가 나무, 하늘혹은 아이디어를 연구하면서 우리 자신은 그들과 같은 호기심과 개방성을 가지고 관찰해야 한다는 것을 잊어버리면 안 된다. 왜냐하면, 우리는 천지 만물인 우주와 서로 연결되어 있기 때문이다."

또한, Klee의 작품 중에 특히 그가 투병 과정에 삶과 죽음에 대면한 그의 말기 작품인 천사 시리즈와 선과 색의 변화는 감상자에게도 성찰의 기회를 제공한다. Rothko의 개인전을 개최한 Pillips는 작품전시실을 명상하기 좋은 공간으로 만들어 "일종의 예배실"이라고 하면서, Rothko의 작품을 감상자의 관점에서 "모든 것을 감싸는 마법이 깃들어 있는 듯하다."라고 한다(Cohen-Solal, 2013/2015). 또한, 그는 Rothko의 색채는 "우리의 존재를 가득 채우고, 그 체험의 순간을 오래도록 여운을 남긴다. 색채는 우리의 의식 속을 파고들 뿐만 아니라 명상으로 나아가도록 마음을 고양한다."라는 점을 강조한다. Rothko의이러한 작품은 미술 감상을 통한 명상의 치유력을 잘 드러내고 있다.

Rothko의 작품을 감상한 Crehan은 『Art Digest』에 "Rothko의 작품은 우리가 영혼이라고 부를 수 있는 것으로 가득 차 있다." 또한 "진정한 영적인 체험이 필요한 현대적 감수성에 초점이 맞추어져 있다."(Chen-Sola, 2013/2015)라고 하며 작품의 명상적 힘을 강조한다.

미국 휴스턴의 예배당의 Rothko의 작품 봉헌식 봉헌사에서 가톨릭 추기

경은 봉헌사에서 그림의 힘에 대해 언급하는데 그 내용은 다음과 같다(Baal-Teshuva, 2006/2006).

"창조적인 사람들이 새로운 세계의 문을 열려 할 때마다, 진정한 예술 작품 속에는 눈에 보이지 않는 무언가가 감춰져 있기 마련입니다. 우리를 둘러싸고 있는 그림들이 처음에는 매력적이지 않아 실망스러울 수도 있습니다. 하지만 저는 그림들과 함께 지내는 시간이 길어질수록 더욱더 깊은 감명을 받고 있습니다. Rothko는 될 수 있는 한 자신의 작품이 가슴에 사무치는 것으로 만들고 싶었습니다. 그는 그것들이 아늑하고 초시간적인 것이 되기를 원했습니다. 실제로 그의 작품은 아늑하고 초시간적입니다. 우리를 포위하는 것이 아니라 감싸 안습니다. …… Rothko가 밤의 벽화를 그리는 데는 용기가 필요했습니다. 그러나 저는 바로 여기에 그의 위대함이 있다고 생각합니다. 고집과 용기에 의해서만 화가는 위대해집니다."

필자는 Kollwitz의 〈죽은 아들을 안고 있는 어머니(Mutter mit totem Sohn)〉를 감상하기 위해 베를린에 간 적이 있다. 세계대전 후 기념관으로 사용되는 Neue Wache, 궁륭 천장의 중앙이 뚫려 빛이 들어오는 바로 그 아래 홀로 있는 Kollwitz의 검은 청동 조각상! 검은 돌바닥에 죽은 아이를 안고 있는 어머니의 조각에만 빛이 비치는 이 어두운 공간을 들어서면서 필자는 바로 압도되었다. 그것은 어떤 느낌이 들었다거나 작품에 다가가지도 못하고 그 공간에 혼자 서 있었던 경험이었다. 얼마 뒤, 필자는 주변에 많은 관람객들이 고요히 서 있는 것을 알게 되었고, 그 작품이 우리 감상자에게 어떤 힘을 주었는지는 인식하게 되었다.

Nolde는 자연에 대한 신앙을 가졌다고 할 만큼 자연환경의 사색과 관찰과 명상으로 유명한 작품을 남겼다.

Nolde는 물감으로 스케치 없이 바로 자연풍경을 그의 판타지를 더해 그렸는데, 1902년 친구에게 보내는 편지에 자연의 색채가 주는 조화에 대해 다음과 같이 쓴다(Nolde Stiftung Seebüll, 1987).

"내 앞에서 유영하는 색채들로 그려진 많은 그림이 내가 실제 그릴 수 있는 것보다 더 아름답게 떠다니고 있어……. 나는 색채의 조화, 내 안의 균형을 발견하는 날을 갈망하고 있다네. 색채들은 너무도 아름다워, 음악처럼 아름다워."

미술치료에서 내담자는 명화 감상을 통해 자신의 마음을 살피고 사색에 이르게 됨으로써 자신의 부정적 기억과 지각방식과 속박된 정서 상태를 벗어나 심리적 균형을 얻을 기회를 가질 수 있다. 이는 내담자가 그림 감상을 통해 삶의 좋았던 기억과 정서와 만나며, 자연의 질서와 아름다움을 누리는 경험을 하면서, 현재의 고통스러운 상황이 자신의 전부가 아니라, 변화하고 순환할 수 있다는 인식을 하게 된다.

예술이 환자의 회복에 끼치는 영향을 강조하고 실제 그런 방안을 실시한 의사 Ott(1997)는 미술의 영성적인 면을 강조한다. 그는 수많은 민족에게 종교화가 신앙에 큰 영향을 끼치는 명상과 기도의 대상이라는 것을 제시하며, 오늘날 종교적 상징, 그림, 의례, 음악적 리듬의 효과성이 다시 토론되고 있음을 상기시킨다. 이와 관련하여 Ott는 의학에도 미술의 치유력을 적용해야 하며, '미술은 의사와 환자 사이의 무언의 해석학'이라고 이야기한다. 이는 인간이 대상화된 현대에 인간은 정신과 영혼의 평행세계 영역, 즉 다층적 영역으로 들어서는 것을 동경하고 있다는 데서 기인한다.

7) 창의성, 잠재자원의 활성화

러시아의 야수파 화가며 아방가르드 예술의 전파자였던 Burljuk는 20세기 초에 "체험 속에 깊이 빠지면 창조적인 침잠을 하게 된다. 창조란 곧 체험을 창조하는 것이며, 형상들을 창조하는 것"(Kandinsky & Marc, 1965/2007)이라 며 새로운 예술은 '새로운 길의 계시'가 되어야 한다고 주장한다. Miro는 자 신이 상상하고 소망하는 우주와 별, 태양, 행성과 곤충과 새들을 작품의 중요 한 모티프로 표현하는데, Baos(2016)는 이를 "우리가 사는 세계와 예술가의 상상력이 자아낸 왕국이자 공간인 우주를 잇는 연결고리"라고 해석한다. 그 는 Miro의 창의적 업적을 "Miro의 예술은 첨가와 상호 작용, 가변적인 사고의 과정을 통해 유전자를 이식한 예술이며, 이는 그 자신의 개성 있는 해석을 통 해 결정한 다양한 결합들과 구성된 결과를 이룬다."고 평한다.

이처럼 감상자도 예술 작품 감상을 통해 화가의 창조적 생산에 동행하며, 자신의 내면에 있는 창의적 자원을 탐색할 수 있다. 감상자는 예술가의 창의 적 생산에 자극을 받는 미적 체험으로 미적 감각이 고양될 뿐만 아니라, 자신 의 잠재된 정신적, 심리적, 미적 자원도 활성화된다. 즉, 예술 감상에서 감상 자는 작품과 내적 의사소통을 통해서 자신의 욕구, 잠재된 자원과 에너지를 발견할 기회를 얻는다. 이를 통해 감상자는 자기 삶을 창의적으로 변화시킬 수 있다. Leuteritz(1997)는 이러한 맥락에서 감상자도 감상으로 '훌륭한 창의 적 생산'을 한다는 것을 강조한다.

Noy(1984)는 예술가의 창의성은 형태를 새롭게 하고 재구성하며 오래된 문제들을 새롭게 해결하려는, 과거에 한 번도 시도되지 않았던 신선하고, 대담한 적용패턴으로 진보적 해결을 찾는, 끊임없는 시도라고 주장한다. 나아가 자신의 목적, 즉 더 영향력 있는 표현 수단, 더 나은 의사소통 방식과 더 높은 통합단계인 목적을 달성하기 위해 항상 새롭고, 독창적인 방법들을 찾는 예술가들의 부단한 노력이 예술가의 창의적 관점이라고 그는 강조한다. Miro는 미술은 이러한 독창적 방법을 찾는 관점으로 다양한 재료를 발견하여 작업함으로써 창의적 생산의 무한한 가능성을 보여 준다(Baos, 2016). Miro는 "재료, 도구는 하나의 사물에 생명을 주는 수단인 기법을 지시한다. …… 재료에 대한 최대한의 예의를 갖추어야 한다. 재료는 하나의 출발점이며 작품을 지시하고 명한다."라고 강조한다.

Kohut(1993)은 자기애적 장애가 있는 환자의 초기 치료에 응급조치로 그림 그리기를 제안했다. 그는 환자가 그리기에 몰두하고 성취감을 느끼며 자신감과 대상관계도 나아지는 사례를 통해 창의적 예술 활동이 환자의 좌절된 욕구를 표출하는 통풍구 역할을 하며 자기애적 욕동에너지를 재분배하는 것을 명확히 볼 수 있었다고 한다. Noy(1984)는 예술가의 과제는 예술 내용을 가능한 신뢰할 수 있도록 표현하기 위해 가장 훌륭한 형태를 발견해야 한다고 주장한다. 즉, 예술가는 감상자에게 확실한 의미의 메시지를 전달하려고 노력해야 한다는 것이다. 다시 말해서 예술가는 자기 검열의 저항을 극복해야 할 뿐만 아니라, 타인인 관객, 감상자의 상상력을 깨우고, 정서를 유발하며 자극 체험이 되는 주의와 관심을 불러일으켜야 한다.

Essers(1993)는 Matisse의 작품 〈춤(Dance)〉과 〈음악(Music)〉이 리듬과 생에 대한 기쁨의 총체로서 '행복의 종교'라고 하며, 생의 기쁨은 자신의 무의식에 있는 영향을 전달한다고 한다. Matisse는 무의식의 자원이 의식화로 재현되는 그의 미술 작업을 다음과 같이 쓴다.

"예술에서 참됨과 진정성은, 행동하고 할 수 있는 것을 더는 이해하려고 하지 않고, 그 자체에서 나오는 힘을 감지할 때 시작된다. 예술가가 예술과 더 많이 싸우고 집중할수록, 그러한 힘은 더 강해진다."

Matisse는 이런 행위는 "저녁 미사에 가서 성체를 받아 모시는 사람처럼 순수하고 순결하게 그려야 하는" 것이라고 강조한다. Matisse의 순수성과 참됨과 진정성이 전하는 힘은 감상자에게도 활력을 제공해 줄 뿐 아니라, 잠재된 자원을 깨워 주며 창의적 생산으로 연결해 준다. 예술가는 독자나 청중에게 감정적 영향을 주며, 나아가 감동하게 하는 힘이 있어야 한다고 강조한 Tolstoy의 말은 감상자가 "예술 작품의 힘으로 충만한 자아"(Arnheim, 1966/1995)를 경험한다는 것과 같은 의미다. 이러한 충만한 자아란 자신의 잠재된 에너지와 자원을 깨닫게 되는 상태다.

미술치료에서 내담자는 명화를 감상함으로써 자기 내면과 현실, 과거와 현재의 삶이 만나게 된다. 그 과정에서 내담자는 무의식과 기억들이 떠올라 자신의 잠재자원, 심리내적 자원이 활성화되고, 나아가 감상한 명화를 재구성하는 활동을 통해 자아와 현실과 대면할 힘을 얻게 된다. Cézanne이 자신의 내적 상상력과 감정을 자신만의 은유적, 미적 표현으로 통합(Andina-Kernen, 1996)하려 했듯이, 감상의 과정과 재구성 활동도 내담자가 작품과 만남을 통해 심리적으로 구속되지 않고 삶의 자율성을 쟁취할 수 있어 통합된 자아로 향하는 치유의 길을 걷도록 돕는다.

명화 감상을 통한 심리내적 교류에서 감상자는 작품과 "파트너가 될 수 있으며, 넓은 의미로 작품은 Kohut의 자기 대상이 되어 관계를 맺을 수 있다."

(Schmeer, 1995/2004). 감상자는 자신의 정서에 말을 걸어오는 명화를 다각적 차원으로 수용하고 표현할 수 있다. 이와 관련하여 미술치료사는 감상 작품으로 자유로운 표현과 창의성을 자극하는 명화를 선정하는 것이 중요하다.

미술치료에서 감상을 통한 작업이거나 자발적인 작업이든 내담자는 그림을 통하여 선, 형태, 색을 단순히 나열하는 것이 아니라, 자신의 '시각적 질서'(Arnhem, 1974/1996)를 찾으려는 정신적 욕구를 표현하며, 이는 내담자 안에 잠재된 힘과 연결되는 회복의 힘을 찾는 과정이다. 이러한 미적 상징화 과정에서 자신의 상상력이 활성화되고 통찰력과 창의적 힘이 드러나게 됨으로써 내담자의 혼란스러운 정서가 질서를 찾아가게 된다.

창의적 과정이 자신의 삶에 대한 신뢰와 자신감(Bachmann, 1993)을 주며, 성취감과 자기성찰(Riedel, 1992/2000)과 삶의 주체(Beuys, 1991)가 되게 한다는 것은 명화 감상에도 적용될 수 있다. 이처럼 명화 감상을 통해 감상자에게도 자신의 내적 가치, 심리적, 정서적 자원이 깨어날 수 있다. Matisse는 이러한 자원을 위해서 인간은 "어린이가 사물에 다가가는 그런 활력을 보호해 주어야 하는 것을 이해해야 하며, 이러한 순수함을 보호해 주어야 한다. 인간의 전체 삶에는 사물들에서 힘을 창출해 내는 아이와 어른이 존재해야 한다."(Essers, 1993)라고 강조한다.

8) 정체성 함양, 심리적 균형, 통합

명화 감상에는 정서적, 직관적 의사소통만이 아니라, 지적, 논리적, 해석적 관점도 포함된다. 이는 감상자가 미적 체험을 통한 미적 판단, 의미해석, 자기 통찰이 내면화되어 가는 과정이기도 하다. 이러한 맥락에서 명화 감상은 자기 탐색, 문제 해결력, 자아정체성 함양과 연결될 수 있는 과정이다.

Arnheim(1954/2003)은 회화에 왜 균형이 필요한가? 라는 질문을 제시하면서, 균형 잡힌 회화작품에는 형태, 방향, 위치 등의 각 요소가 상호 복합적으로 결정되어, 작품 전체가 '필연적 결속'으로 나타나야 한다는 데서 답을 찾는다. 그는 균형이 불충분한 작품은 우연적, 가변적으로 보여 허약해 보이지만, 균형 잡힌 그림은 강한 흥미를 불러일으키며 안정되고 생명감이 충만하다고 한다. Arnheim은 회화에서 균형감의 필요성을 언급하면서 과거에는 균형이 즐겁고 만족감을 준다는 쾌락설에 의해 균형이 인간 동기를 쾌(快)의 추구 및 불쾌(不快) 감정을 회피하는 것과 연결한 것을 비판한다. 그는 이런 관점은 '예술로 충족되는 깊은 정신적 기능'을 설명하기에 부족하다고 한다. 그러나 그는 "예술 작품이 균형, 조화, 통일성 그 자체에 특성이 있는 것이 아니라, 균형 있고, 질서 있으며, 통일되어 나타나는 패턴의 힘, 그 자체에 특성이 있다."라고 하며, 실재 패턴을 어떻게 조직하느냐가 문제의 필연적이고 최종적인 해결책이라고 강조한다. 이와 관련된 예로 Arnheim은 Cézanne의 작품 〈황색 의자 위의 부인(Madame Cézanne in a Yellow Chair)〉은 감상자에게 "외부적인 고요함과 강한 역동성의 조화"를 가장 먼저 느끼게 한다고 분석한다. 즉, 그림의 "운동성과 휴식의 특별한 균형미"가 감상자에게 전달될 수 있다는 것을 보여 준다.

이는 미술치료에서 내담자의 심리적 균형과 심리적 조화와 통일성을 치료목표로 하는 점과 밀접한 관련성이 있다. 이러한 점은 내담자들의 심리적 균형을 이루기 위해 균형의 힘을 보여 주는 명화를 감상하고 재작업하는 것의 의미를 재확인하게 한다.

예술가는 분리를 통합하고 작품에서 온전함과 통일된 것을 만들려는 소망을 간직하고 있다(Andina-Kernen, 1996). Noy(1984)에 의하면, 예술가들이 예술에서 '완전한 형태'와 그 안에 내포된 '질서, 대칭, 조화와 균형의 요소'에 대한 추구는 조직을 위한 노력의 일부다. 그는 또한 이런 추구는 자기(Selbst)의 어울리지 않는 부분을 정돈하는, 자기를 파괴하려고 위협하는 대립하는 것들과 화해하고 안정된 자기상을 유지하는, 자아의 활동을 반영한다고 한다. Noy는 결과적으로 조형예술은 정신분석적 관점에서 예술가의 모순된 감정들과 표현하려는 노력과 그 과정에서 화해하려는 변증법적 형태를 보여 준다는 것이다. 예술가의 이러한 시도가 '모순을 극복하려는 통합적 과정'이듯이, 감상도 감상자 혹은 내담자의 내적, 외적 모순 상황을 극복하려는 통합적 과정으로 연결된다.

수많은 화가가 자화상을 즐겨 그렸는데, 이는 자화상을 통하여 자신의 정체성에 관해 묻는 자아 성찰 작업에 해당한다. Bischoff(2005/2005)는 Munch의 자화상에 대해 "냉정하고, 엄격하고, 탐색하듯 그린 자화상은 그의 인생 단계마다, 생애 마지막까지 그와 함께했다."라고 하며, 이러한 자화상은 그의 "심리적이고 사회적이며 자전적 기록일 뿐만 아니라, Munch의 최고 작품과 견줄 만큼 우수한 창작물"이라고 평한다.

Arnheim(1954/2003)은 미술에서 단순성이란 원시인의 미술이나 어린이의 선화는 전체적으로 단순하지만, 예술가들이 보여 주는 작품의 단순성은 단순하게 보이지만 아주 복잡하게 드러나기도 한다는 것으로 전자와 후자의 차이점을 말하면서 Albers, Mondrian, Nicholson의 작품의 예를 든다. 이는 단순성에 깃든 다양성의 의미와 긴장감과 통일성을 제시하는 것이다.

미술치료에서 내담자가 회기 초기에 표현하는 형태, 선, 내용, 색채 등은 단순하고 변화가 없이 계속되는 경우가 많다. 이들 작품의 특성은 긴장감이 없고 불균형적이며 때로는 매우 혼란스럽다. 그러나 내담자는 회복기에 들면서 그림에서 균형과 긴장감 있는 단순성과 사물 간의 유기적 형상과 중심을 찾아가는 통일성을 지니는 경향을 보인다. 미술치료에서는 이러한 변화가 미술을 통한 치료의 효과를 제시하는 중요한 근거가 된다. 이와 관련하여 심리적 혼란과 불안정한 상태에 있는 내담자를 위한 균형과 생명력과 통일성을 지닌 명화 감상과 명화 따라 그리기는 심리적 안정감과 균형을 얻게 하는 데 유용한 접근 방법이 된다.

Freud(1988)는 본능과 자아의 관계에 대해서 예술은 일차원리인 본능과 이차원리인 현실원리가 화해하는 독특한 방법을 가져올 수 있다고 한다. 그는 예술가란 원래 현실을 피하는 사람인데, 그것은 예술가는 현실에서 쾌락 충족을 쉽게 포기할 수 없으며, 그의 성적, 야심적인 소망들을 판타지 생활인 예술 생활에서 방어할 수 있기 때문이라는 것이다. 또한, Freud는 예술가는 자신의 특별한 재능 덕분에 판타지를 새로운 종류의 현실로 만들어 환상의 세계에서 현실로 돌아가는 길을 찾는다고 했다. 즉, 예술가는 어떤 면에서 외부세계의 실제 변화에 크게 우회하지 않으면서, 자신이 원하는 사람으로 된다는 것이다. 그러나 예술가는 다른 사람들처럼 실제 필요한 것을 포기하는 데에 같은 불만을 느끼기 때문에 예술을 달성할 수 있는데, 예술가에게는 쾌락 원리의 포기에 대한 불만을 현실원리로 대체하는 것이 현실이기 때문이라는 것이 Freud의 논리다. Freud에 의하면, 예술이 무의식적, 본능적 욕구를 재현한 것이고, 감상자도 감상을 통해 퇴행, 방어기제, 초자아 통제의 완화 등을 경험하며, 자아의 강화도 이루어질 수 있다.

Schuster(2000)는 Freud의 Michelangelo의 모세상 연구분석은 '자아의 승리' '자기통제의 승리'며, 감상자에게 '존엄의 감정'을 유발시켰다고 한다. 이런 감정은 자아 발달의 긍정적 자원이 되며 미술치료에서 내담자의 정체성 함양, 자아 성장을 위한 중요한 요인이다.

Steiner(1921/1991)가 "진정한 예술은 혼돈(Chaos)과 질서(Kosmos)의 상호 관계를 통해서 형성된다."라고 한 주장처럼, 미술치료에서 내담자가 미술 감상과 활동 안에서 대립을 통한 질서와 통합을 경험함으로써, 신체적, 정신적, 영적 조화에 이를 수 있다. Andina-Kernen(1996)은 예술가가 경험하는 통합적 과정은 감상자의 의식적 차원에서도 일어난다고 한다. 내담자이자 감상자는 예술 작품에서 예술가의 '진지함'과 '완전함'의 추구를 전체적 관점에서 감상함으로써, 본인도 '온전함'과 '전체로서의 치유'를 경험한다.

미술치료에서 내담자는 미술 작품을 감상하고 작품과 관련한 주제, 정서 등을 자신의 표현으로 재구성하는 작업을 통해 정서적, 지적 통합력이 향상되면서 문제 해결력도 향상된다. 또한, 자신의 작업을 하는 것은 자신의 자율성, 자아 성찰, 기억 등으로 자아를 표현하는 정체성 함양과도 연결된다. 문제 해결력과 정체성 함양은 자기통합 능력으로 연결되어 미술치료의 종결로 향하는 중요한 잣대가 된다.

CHAPTER 3

수용적 미술치료

1. 수용적 미술치료 개념과 목적

Petzold와 Sieper(1991)는 "예술치료 과정에서 치료사가 미술, 시, 음악의 '유명한 예술 작품'을 환자가 감상하도록 제공하여 공감을 얻는 방법을 '수용적 예술치료(Rezeptive Kunsttherapie)'"라고 정의하였다. 여기에서 미술치료 분야는 '수용적 미술치료'가 된다. Leuteritz(1997)는 미술의 지각 및 수용과 그에 대한 의식적인 논쟁인 수용미학에 근거하여 미술치료에서도 미술 작품 감상이 치료 방법이 될 수 있으며, 이는 분명히 '미술–치료적'이라는 서술에 합당할 수 있다고 강조한다. 이와 관련하여 Leuteritz는 '수용적 미술치료(Rezeptive Kunsttherapie)' 개념을 미술치료의 이론적 근거로 제시한다.

Leuteritz는 다양한 문화권의 예술가들이 수많은 세월을 거쳐 오늘날까지 '미적 지각을 통한 치료'에 이바지했으며, 이러한 치료로 엄청난 세계 질서를 열어 주었다고 한다. 그에 의하면, 음악, 시, 회화, 조각, 연극 등의 모든 예술 장르는 감상자의 정신뿐만 아니라, 영혼에도 다가가는데, 인간의 영혼을 쓰다듬는 이 능력은 '예술가들이 민감한 지진계'이기 때문이다. 즉, 예술가는 실존적 위험 가능성과 충격을 누구보다 잘 감지하여 이러한 것들을 미적 형상으로 표현하고 우리에게 전달할 수 있는데, 예술가의 이러한 메시지는 영적 공명의 행위로 실현된다는 것이다.

Ott(1997)는 동서양의 모든 문화와 전 시대에 걸쳐 예술을 통한 무언의 치유 효과는 고통받는 사람의 상황에 영향을 주는 약제로 사용되었다는 것을 증명하면서, 예술을 "영혼의 약국"이라고 한다. 그는 동방정교회의 이콘화(Ikon畵)가 주는 영적 영향과 2,000여 년 동안 이어지는 인도의 전통 의학인 아유르베다 의학에서의 예술을 예로 든다. Leuteritz는 예술가들의 이런 능력을 Ott가 말한 '영혼의 코드(Code der Seele)'로 연결한다. 그는 영혼의 코드를 받아들이는 데는 다소 오랜 학습 과정이 요구되며, 모든 감상자가 예술가가 지닌 이러한 영혼 코드의 다양한 수신기관을 똑같이 받아들일 수 없다는 Ott의 견해를 수용한다. 그러나 그는 미술치료에서 감상자인 내담자가 미술 작품 감상에 몰두하면서 기쁨과 슬픔, 감격과 동정심을 느끼게 되고, 이를 통해 자신의 한 부분을 발견하게 된다고 한다.

Leuteritz(1997)에 의하면, 그림 감상에서 작품과 내담자인 감상자 사이에 공감이 이루어지면, 영적 힘이 일깨워지는데, 내담자는 이러한 힘으로 병에 맞서게 되면서 병이 회복되거나 완화될 수 있다. 그는 이러한 효과를 합리적으로 증명할 수는 없지만, 합리적이며 논리적인 규정의 한계를 뛰어넘는 것이 예술이라고 주장한다. 다시 말해서, 이성은 확인하고 기술하고 인과관계를 밝히는데, 예를 들어 유명한 시나 음악이나 Rembrandt의 자화상에서 받는 충격적 영향의 깊이에 대해 언어학자나 예술사가나 비평가는 이성적, 논리적 설명으로는 한계에 부닥친다는 것이다. 나아가 그는 예술 작품에는 합리적으로 절대 해독할 수 없는 그 무엇이 작동하는데, 이는 작품이 감상자의 영혼에 직접적으로 심금을 울리기 때문이라고 강조한다.

인지학 미술치료에서 치료방안으로 기독교 성화에 해당하는 아기 예수와 성모, 승천하는 예수, 십자가의 예수 작품을 환자가 감상하고 따라 그리는 방법(Mees-Christeller, 1996)은 수용적 미술치료 관점과 연결된다. Sarbia(2015)는 "전통적인 예술 감상에서는 작품의 의미에 관한 질문이 우세했는데, 미술치료에서는 작품이 환자에게 어떤 영향을 미치는가에 초점을 둔다."라고 하였다. 그러나 때때로 미술치료에서 환자의 정신에 숨겨진 내용을 해석하기 위해 그림이 환자, 장애와 병 뒤로 물러난다는 비판을 인정하기도 하였다. Sarbia는 이를 개선하기 위하여 수용적 미술치료 관점에서 예술 작품과 환자의 작품을 비교한 사례에서 그림의 보이지 않는 숨은 의미(Subtext)에 비중을 많이 두기보다, 그림에서 볼 수 있는 것을 다룰 때 일어나는 지각이 미술치료의 도구가 될 수 있다는 것을 보여주고자 하였다.

Leuteritz는 예술은 예술가와 예술 작품과 감상자 사이의 복합적 상호활동을 통해 이루어지기 때문에, 감상자도 예술가의 심리적, 정신적, 영적 상태를 수용하고 예술가와 대화하는, '훌륭한 창의적 생산'을 한다고 강조한다. 그의 관점에 따라, 예술 작품은 조형 자체만을 위해 영원히, 최종적으로 존재하는 것이 아니라, 항상 지각하는 사람, 감상하는 수용자에 의해서 새롭게 창조된다. 이런 맥락에서 Leuteritz는 "예술 작품은 감상자를 만나지 못하면, 더 이상 존재하지 않는다."라고 역설한다. 예술 작품을 능동적으로 지각하는 사람, 즉 감상자, 수용자가 없으면, 예술 작품은 단지 톤, 자음, 색채와 다른 매체를 모아둔 것에 불과하다는 것이다.

수용적 예술치료의 목적은 치료적 틀에 근거하여 제시하는 음악, 시, 회화 등의 예술 작품이 치료 도구가 되어 환자에게 감동과 회복과 위로의 힘을 주는 것이다. Petzold와 Sieper(1991)는 이러한 목적으로 중환자와 임종 환자를 위한 치료 동행에 치료사가 환자의 침상에서 시나 음악을 들려 주거나 미술 작품을 보여 주는 감상법을 제시한다. 이를 통해 환자는 자신의 내면세계나 억압된 감정을 지각하고 표현할 수 있다. 환자가 시나 음악을 듣거나 그림을 보며 치료 효과에 다가가도록 하는 이러한 예술 작품들은 '치료의 도구며 약제'(Ott, 1997)가 된다.

수용적 미술치료는 미술치료의 보편적 목적과 다르지 않으며 이론 모델에서 치료적 관점과 방법이 다른 것이다. 미술치료에서는 내담자가 외부 환경이자 구체적 대상인 매체의 다양한 특성을 보고 만지며 듣고 그리며 조작하는 감각 체험, 감각운동의 실제적이고 현실적 활동과 작품을 통해 내적인 움직임인 심리적 역동이 일어나는 것이 다른 심리치료와 가장 큰 차이점이다. 예술가의 명화 혹은 조형 작품도 수용적 미술치료에서 이러한 실제인 중요한 이미지 요소에 해당한다.

수용적 미술치료 관련 연구는 2000년대 이후 보고되고(Breindl-Sarbia, 2019; Dannecker, 2015; Sarbia, 2015; Sinapius, 2015; Staroszynski, 2015; Stone, 2018) 있으나, 활용방안과 사례 소개, 이론적 논의 등에 관한 연구는 아직 미비하다. 내담자가 예술가 작품을 감상하는 방법을 미술치료에 적용하기 위해서는 그림 선택과 치유적 방법과 적용과정에 관한 연구와 미술치료사 교육과정에도 다룰 필요성이 있다(정여주, 2014). 이와 관련하여 미술치료 임상 현장에서 화가의 작품 감상과 그에 대한 치료적 적용을 제시하면서 내담자의 역동과 무의식이 의식화되어 치료적 효과로 이어지는 과정을 체계화해야 한다.

Leuteritz와 Ott는 미술치료에서 명화 감상을 통한 환자의 내적 재창조에 대한 중요성과 필요성을 알리고자 하였다. 나아가 Leuteritz(1997)는 수용적 미술치료에서 감상의 보편적, 치유의 의미가 환자뿐 아니라 일반인에게도 중요함을 강조한다. 즉, 매일 수많은 사람이 음악을 듣고, 그림과 건축물을 감상하고 공연을 보며 시를 읽음으로써 자기를 치유하고 있다는 것을 우리가 잊어서는 안 된다는 것이다. 이는 수천 년 동안 존재해 온 예술이 인간 실존을 위한 치유의 뿌리며, 희망이라는 것을 상기시킨다.

2. 수용적 미술치료 유형

명화 감상을 통한 수용적 미술치료 접근은 내담자 병이나 문제 정도, 나이, 치료목표, 치료단계, 주제선정, 개별치료 혹은 집단치료의 치료 형태 등에 따라 달리 이루어진다. 미술치료사는 이에 근거하여 화가, 주제, 기법 등을 잘 탐색한 후 명화를 선정하여 치료의 목표, 접근 방법, 치료적 효과 등을 제시할 수 있어야 한다. 수용적 미술치료의 진행에는 명화 감상이 먼저 이루어진다. 미술치료사가 명화를 보여 주는 방법은 내담자 및 집단원에 따라 다르지만, 예술가의 소개보다는 그림을 집중하여 감상하도록 유도하는 것이 중요하다. Gombrich(1995/2017)와 Read(1972/2007)도 미술 작품을 온전히 감상하기 위해 화가나 작품에 대한 지식으로 인한 선입견을 품지 않을 것을 강조한 바 있다.

수용적 미술치료의 접근 유형을 두 가지 제시하면 다음과 같다. 첫째, 예술가의 미술 작품 감상을 통한 치료적 접근인 명화 감상 미술치료다. 둘째, 예술가의 미술 작품 감상 후에 내담자가 미술 작업을 하는 감상 재구성 미술치료다. 즉, 내담자가 작품을 감상한 후에 자기표현 과정으로 연결된다. 그러나 접근 유형에 따라 방법이 완전히 분리되는 것이 아니라 두 유형이 겹쳐질 수도 있다.

1) 명화 감상 미술치료

명화 감상 미술치료는 병의 정도에 따라 미술 활동을 하기 어려운 환자나 내담자에게 명화를 제시함으로써 시각 자극을 통한 심리적, 정서적 치료를 하는 목적과 의도가 있다. 호스피스 환자, 손을 움직이거나 활동이 어려운 환자, 치료사가 들어갈 수 없는 격리병실 환자, 중환자 등에게 적용할 수 있는 미술치료다. 또한, 명화 감상은 병의 심각성으로 미술 활동이 어려운 상황만이 아니라, 미술 활동에 저항이나 거부가 심한 내담자에게 방어기제를 낮추는 기회를 제공하여 접근할 수 있는 미술치료다.

명화 감상 미술치료 활동의 첫 단계에 미술치료사는 환자 또는 내담자에게 필요한 주제가 되는 명화를 제시한다. 명화는 실제 크기에 맞게 복사하거나 PPT나 영상을 통해 보여 준다. Berger(1972/1995)는 "복제는 오히려 한 이미지가 여러 목적으로 사용될 수 있도록 만들고, 복제된 이미지는 본래의 이미지와 달리 모든 사람에게 고루 나눠주는 일이 가능하다."라고 하는데, 미술치료에서 미술 작품과 감상에도 해당한다. 명화 선택은 미술치료사의 개인 취향이나 선호가 아니라 내담자의 치료목표에 근거해야 한다.

둘째 단계에 내담자는 미술치료사가 제시한 명화를 가능한 선입견 없이 감상한다. 수용적 미술치료에서 명화 한 작품이 아니라, 화가는 다르나 주제나 소재가 비슷한 두세 작품을 비교하여 감상하는 방법도 있다. 예를 들어 전쟁, 이별, 상실, 사랑, 모자, 가족, 형제, 고통, 가난, 행복, 사랑, 신화, 달, 별, 구름, 꽃, 나무 등을 다룬 서로 다른 작품을 선정하여 감상하는 명화를 비교하는 감상법도 있다. 혹은 한 화가의 같은 주제, 예를 들어 Rembrandt의 청년기, 중년기와 말년의 자화상 감상이나 Cezanne의 여러 정물화 등을 제시할 수 있다.

여기에서 내담자는 May가 강조한 명화와의 '만남(Encounter)'을 경험한다. 이 만남에는 명화가 화가의 정서적, 정신적 삶의 성찰을 반영해 줌으로써 내담자인 감상자도 이러한 성찰을 무의식적으로 만나게 된다. 이러한 만남은 예술가가 자신의 작업을 시작하기 위해 어떤 주제와 만나는 것과 같은 과정에 해당한다. 그림이 내담자인 감상자에게 무언의 말을 걸며 감상자를 바라보고 감상자는 바로 그 앞에서 작품과 대면하는 만남이 이루어진다.

Müller-Braunschweig(1984)에 의하면, 창의성의 첫 단계에서 예술 영역은 특정한 환경 상황과 강력한 개인적인 만남이 이루어진다. 이때, 특정한 외적 상황이 심리내적 동기와 만나는데, 즉 당사자의 '관심'을 불러일으키는 특정한 욕구 상황과 만난다. Müller-Braunschweig는 이러한 과정은 투사검사에

서 피검자에게서 관찰할 수 있는 반응과 비슷하다고 한다. 이러한 만남처럼 감상자도 명화 감상을 통해서 '자기 자신의 갈등을 건드리는 문제에 특별히 끌릴 수 있다.' 이 만남 과정에 내담자의 무의식이 투사되고 역동이 일어날 수 있다.

셋째 단계에 내담자는 명화의 내용, 떠오른 느낌, 기억, 인상 등의 소감을 치료사나 집단원과 나눈다. 이 상황에 감상에 대한 피드백이 잘 이루어지지 않을 때도 있다. 이럴 때 단순한 감상에서 내담자 자신의 무의식이나 전의식에 있는 내용이 건드려지면서 방어나 저항이나 회피 등이 일어날 수 있다. 이 단계는 의식과 무의식이 만나는 과정이기 때문에 미술치료사는 내담자의 이러한 역동을 주의깊게 살피면서 방어를 낮출 수 있는 안전한 상황, 소위 '안전기지'를 만들 수 있어야 한다. 미술치료사는 감상에서 무엇을 보았는지 먼저 질문함으로써, 즉 그림에 관한 객관적인 서술이나 언어적 묘사를 유도하여 내담자의 무의식적 방어체계가 갑작스럽게 무너지지 않도록 한다. 내담자가 안전하고 신뢰할 수 있는 분위기를 느낄 때, 미술치료사는 내담자에게 감상 관련 느낌, 기억, 소견 등을 말하도록 제안한다.

다른 방법으로 치료사는 내담자가 감상 후에 자신의 감정이나 생각에 더 깊이 들어가도록 그림 장면의 다음 이미지를 떠올리게 하거나 내담자가 명화에 있는 인물이 되어 그 상황에서 떠오르는 말, 사람, 기억 등을 말하도록 제안한다. 또 명화에 여러 명의 인물이 있으면 내담자는 그중 한 인물을 선택하여 자신의 처지에서 하고 싶은 말이나 떠오르는 생각을 말할 수 있다. 혹은 내담자가 모든 인물의 역할을 하도록 치료사가 제안할 수 있다. 집단 미술치료에는 명화 내용의 인물만큼 집단원이 각자 역할을 맡아 대화를 할 수 있다.

또한, 수용적 미술치료에서 그림 감상을 글쓰기로 연결할 수 있다. 내담자는 그림 감상 내용을 시나 판타지 내용이나 동화 등으로 쓸 수 있다. 이것은 명화 감상 재구성 미술치료에도 적용될 수 있다.

치료사와 내담자 및 집단원이 개방적이고 감상 내용을 자유롭고 자연스럽게 주고받는 것은 의사소통, 자기와 타인 인식, 자아 성장 등으로 이어진다. 내담자는 명화 감상 후에 명화의 원제목과 상관없이 자신만의 제목을 만들 수 있다. 이는 감상으로 인해 화가의 작품은 감상자의 몫이 되기 때문에, 감상자 자신과 관계된 제목을 만들어 봄으로써 그 작품 감상의 공명이 감상자의 심리나 정신에 영향을 미치게 된다.

넷째 단계에 미술치료사는 화가, 화가 생애, 제목, 작품 배경 등을 간단히 설명할 수 있다. 그러나 미술치료사는 이 단계를 반드시 소개할 필요는 없다. 명화 감상 미술치료의 과정은 [그림 3-1]과 같다.

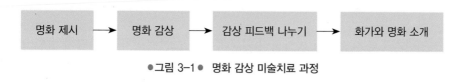

●그림 3-1● 명화 감상 미술치료 과정

명화 감상 미술치료의 다른 방법은 병원의 여러 공간에 치유 효과를 줄 수 있는 명화를 전시함으로써, 환자가 작품 감상을 통하여 회복에 간접적 도움을 얻을 수 있도록 하는 것이다. 이러한 방법은 환자뿐만 아니라 고통을 함께 겪는 환자 가족, 보호자들에게도 마음의 여유와 안정을 주는 역할을 한다.

Ott(1997)는 실제 병실, 대기실, 복도, 응급실, 치료실 등에 환자에게 병의 고통을 완화하거나 치유의 힘을 줄 수 있는 미술 작품을 걸어두는 시도를 하였다. 그 예로 환자 병실에 항상 그림을 걸어 놓는데, 환자를 위해 염두에 두어야 할 것을 제시한다. 즉, 화려한 색보다 단색이나 파스텔 색조의 그림, 역동적 그림보다 정물화나 기하학적 그림이나 환자의 고통을 위로하고 동일시를 느낄 수 있는 고통 상징을 표현한 그림 등이다. 반면 그는 대기실과 복도에는 화랑처럼 다양한 그림을 전시하면서 시대적, 정치적, 사회적 논쟁거리가 되는 주제를 선택하기를 제안한다. Ott의 이러한 제시는 환자가 현실적, 일상적 환경과 격리되지 않고 항상 접촉할 수 있는 가능성을 간접적으로 보여 준다.

전시된 미술 작품은 환자뿐만 아니라 병원 의료진들이 환자와 그림에 관해 이야기를 나눌 수 있는 수단이 된다. 이런 맥락에서 Ott는 미술 작품 감상은 병원 세팅에서 의사와 환자의 관계에서 이루어지는 비언어적 의사소통이라고 한다. 그는 그림의 비언어적 의사소통 기능은 병이나 고통이나 위기 상황을 겪는 사람을 치료하는 데 중요한 실마리가 될 수 있다는 것을 간과하지 말아야 한다고 강조한다.

일반적으로 예술가의 명화들이 치료적 매체로 선택되지만, 최근에 병원 내 미술치료가 활성화되면서 환자의 동의하에 환자의 그림들도 전시된다. 환자들은 자신의 작품이 전시되는 것을 경험하면서 자신이 치료를 받아야 하는 수동적 입장, 관습적인 환자의 태도가 아니라, 자신의 다른 자원을 표현할 수 있는 능동적 에너지를 발견하며 만족감과 자신감을 얻는다. 또한, 환자는 의료진, 가족, 지인들이 그들의 작품을 감상하며 전하는 칭찬과 관심에 심리적 공감과 병에 대해서만 나누던 대화가 아닌 새로운 의사소통의 가능성을 경험한다.

2) 명화 감상 재구성 미술치료

'명화 감상 재구성 미술치료'는 수용적 미술치료에서 내담자나 환자가 미술 작품을 감상한 후에 그에 대한 반응으로 자신의 미술 활동을 하는 것이다. 필자는 미술치료에서 미술 작품 감상과 자기표현의 다양한 사례 경험을 기반으로 감상 후 미술표현 방법을 '미술 감상 재구성 미술치료' 혹은 '명화 감상 재구성 미술치료'로 명명하여 수용적 미술치료의 확장 개념으로 사용하고자 한다. 이 과정은 내담자나 환자가 명화 혹은 미술 작품 감상 후에 미술 활동을 하는 단계로 이어진다. '명화 감상 재구성 미술치료' 혹은 '미술 감상 재구성 미술치료'는 내담자나 환자가 미술 작품을 감상하고 자극을 받아 제시된 주제 혹은 자유로운 주제로 자신만의 미적 표현으로 재구성하는 것이다.

미술치료 회기는 일반적으로 구조적이든 비구조적이든 내담자가 미술활동을 하고 치료사 및 집단원들과 각자의 작품을 감상하며 대화를 나누는 것으로 이루어진다. 그러나 '명화 감상 재구성 미술치료'에서는 우선 구조적 방법에 근거하여 내담자 및 환자가 미술치료사의 안내에 따라 명화 감상을 한다. 감상 후에 그와 관련된 주제로 각자 자신의 미술 활동을 하고 다시 자신의 작품을 감상하며 나눔의 시간을 갖는다. 여기서 내담자나 환자는 화가 작품과 자기 작품 감상을 두 번하게 된다. 감상 후 재구성 미술치료도 미술 작품을 '치료적 도구와 약제'로 사용하여 회화적 사고, 회화적 자극을 미술 활동으로 연결하여 환자나 내담자를 회복시키고 병의 완화를 돕는 것이 목적이라는 점은 동일하다.

'명화 감상 재구성 미술치료'의 첫째와 둘째 단계는 '명화 감상 미술치료'

단계와 같이 명화 제시와 명화 감상으로 이루어진다. 셋째 단계는 명화 감상 후 내담자나 환자의 미술 활동으로 이어진다. 이 단계는 '명화 재구성 활동'으로 내담자가 명화 감상 후에 미술치료사의 제안에 따라 자신이 미술 활동을 한다. 즉, 내담자가 미술치료사에게 제안받은 주제나 명화 감상으로 야기된 심리적, 정서적 자극과 영향을 자신만의 주제, 기법 등으로 자율적이고 창의적으로 표현하는 재구성 미술 활동 단계다.

청기사파인 Marc이 '그림으로 생각하고 반응하는 습관'(Andina-Kernen, 1996에서 재인용, p. 28), 즉 '회화적 사고(思考)'로 작품을 표현하듯이, 감상자도 이와 같은 과정을 경험할 수 있다. 이처럼 명화 감상 재구성 미술치료는 선 감상, 후 표현으로 '회화적 사고(思考)'에 대한 의식의 흐름으로 이어지는 반응 작업이며 심화 작업이라고 할 수 있다.

'명화 감상 재구성 미술치료'는 내담자의 심리적, 정신신체적 문제, 갈등 등을 자율적으로 표현하는 비구조적 진행이나 미술치료사와 내담자의 협의에 따른 주제 및 기법, 매체 제시 등의 구조적 진행으로 이루어진다. 내담자가 예술 작품 감상 후에 자신이 미술 활동을 하는 것을 자율적, 비구조적 접근과 미술치료사의 계획에 따른 구조적 접근으로 나눌 수 있다. 감상 후 미술 활동 접근 방법이 구조적이든 비구조적이든 그것은 내담자의 자율적 미술 활동을 지지해 준다. 여기에서 내담자는 감상을 통해 야기된 자신의 내면세계를 외적으로 표상하고 구현한다.

수용적 미술치료의 재구성 방법은 내담자의 감상에 대한 수용적 입장과 미적 표현, '힘의 적극적 제시'(Arnheim, 1954/2003)를 표현하는 활동과 균형을 맞출 수 있다. 내담자가 명화 감상을 통해 심리적 역동이 일어난 상황을 다시 자신의 미적 표현으로 재현하는 과정은, Noy(1984)의 견해처럼 '혼돈을 정리하고 구조화하려는 자기 통합 보존 욕구'와 맞물리며, 이를 통해 '감정의 질서'를 얻게 된다. 또한, 감상 후 재구성 과정은 내담자의 내적 현실과 외적 현실이 미적 표현으로 연결됨으로써 '자아 경계의 확장'과 '자아 가치의 구현'(Bush, 1984)으로 이어질 수 있다. 내담자는 미술치료 활동에서 창의력이 발현되고 증가하면서 치료적 효과를 보인다(Eisler-Stehrenberger, 1991; Kast, 1999; Kohut, 1993; Rogers, 1991). 감상 후 미술 활동을 통한 재구성도 이러한 치유성에 근거한다.

명화 감상 재구성의 넷째 단계는 명화 감상과 내담자의 활동에 대한 감상과 피드백이 이루어진다. 이때 감상과 피드백을 주고받는 과정에 내담자는 명화가 자신과 어떤 관계가 있으며, 자신과 명화와의 만남에 대해 탐색하고 의식하게 된다. 내담자는 감상과 미술 활동을 통해서 무의식과 의식이 협업하는 것을 인식한다. 즉, 자신을 고통스럽게 하던 삶의 내용이 자신의 작업으로 흘러 들어와서 시각적인 의미 소통을 하며, '아하 체험'을 함으로써 자신에 대해 새로운 통찰을 하게 된다.

필자의 경험에 의하면 내담자나 교육참가자는 이 단계에서 역동이 일어나면서 자신을 개방하고 마음이 울컥하다고 하거나 흐느끼거나 큰 소리로 울고 난 후에 명화가 주는 치유의 힘에 대해 놀람과 경이로움을 말하며 심리적으로 소화가 된 밝은 모습을 보인다. 이 과정에서 내담자나 집단원의 소통력, 공감, 위로, 심리적 이완, 카타르시스, 자아 성찰과 나아가 자신의 문제해결력과 가벼워진 심리상태를 관찰할 수 있다.

다섯 째 단계로 화가 및 명화에 대한 소개가 연결된다. 이 단계에서 화가와 명화 소개는 생략할 수도 있으나 내담자나 참가자의 요청에 의해 간단히 소개할 수 있다.

'명화 감상 재구성 미술치료'의 단계는 명화 제시, 명화 감상, 명화 재구성 활동, 감상과 감상자 활동 피드백 나누기와 화가와 명화 소개로 이어지는데, [그림 3-2]와 같다.

●그림 3-2● 명화 감상 재구성 미술치료 과정

수용적 미술치료의 다른 방법으로 Stone(2018)은 미술치료에 '차용 이미지' (The borrowed image)를 사용한다. Stone은 수년간 정신과 환자 미술치료에서 예술가 작품을 '차용 혹은 복사(borrowing or copying)'하여 회기에 적용함으로써 치료 효과를 얻은 사례를 제시한다. Stone은 이러한 방법으로 사용되는 예술품 복제를 '차용 이미지(The borrowed image)'라고 하면서, 환자가 생각을 못하거나 이미지가 떠오르지 않을 때, 예술복사본을 줌으로써 환자에게 심리적 구조를 제공한다. 그녀는 예술에서 복제는 전통적으로 저평가받았지만, 모든 예술가는 다른 예술 작품을 차용함으로써 발전한다고 하면서, 미술치료에서도 예술 작품의 차용이나 복제화 사용은 환자의 판타지에서 나오는 개인적인 이미지를 감춘다고 여겨져 저평가받았다고 한다. 그러나 Stone은 미술치료 경험을 통해 예술 작품의 이미지 차용 여부와 관계없이, 환자의 모든 미술 작업은 실제로 그 자신에 관한 것이기 때문에 그에 대해 비판단적 입장(non-judgmental position)임을 밝힌다. 나아가 Stone은 미술치료에서 이미지 차용의 유용성이 명백하므로 이제는 이를 보는 관점을 넓힐 때가 왔다고 주장한다.

3. 수용적 미술치료 접근 방법

1) 명화 감상 미술치료

접근 방법 1

−미술치료사는 내담자를 위한 치료 목적, 단계에 따른 주제를 선정하여 명화를 파워포인트를 통한 영상이나 명화 크기를 확대·축소한 복제화를 내담자 및 집단원에게 보여 주거나 명화 복사본(A4 정도)을 각자에게 배부하여 감상할 시간을 준다.

−내담자인 감상자는 그림에서 무엇을 보았는지, 어떤 인상을 받았는지, 어떤 느낌, 생각이 들었는지 미술치료사 혹은 집단원과 이야기를 나눈다.

−그림에서 본 것은 개인적 지각, 인상, 감상이기 때문에, 미술치료사 혹은 집단원은 옳다, 옳지 않다 등의 판단을 하지 않는다.

−그림의 주제, 내용이 감상자에게 어떤 의미로 받아들여지는지 이야기를 나눈다.

-그림 감상과 느낌에 관해 이야기하면서 자신의 개인적 혹은 간접 경험도
 나눈다.

-집단 미술치료 경우, 다른 집단원은 감상자가 되어 발표한 내담자의 미
 술 작품을 감상한 후, 각자의 주관적 인상에 관해 이야기 나눈다. 집단원
 은 작품에서 받은 첫인상, 감상하면서 새롭게 드는 인상, 느낌, 그와 관련
 된 기억, 에피소드 등의 대화를 한다.

-미술치료사는 가능한 개입을 삼가며 집단원의 의사소통이 원활하지 않
 을 때, 개입하며 유연하게 이끌어 간다.

-미술치료사는 명화 감상과 대화 등의 단계가 마무리되면, 화가, 제목, 그
 림 배경과 화가의 생애를 간단히 소개한다. 이 부분은 상황에 따라 생략
 할 수 있다.

-미술치료사는 치료 회기 후에 명화 감상과 관련한 내담자의 대화 내용과
 반응 등을 기록하여 치료 목적에 연결되었는지 평가한다.

접근 방법 2

-미술치료사는 내담자를 위한 치료 목적과 단계에 따른 주제를 선정하여
 명화를 파워포인트를 통한 영상이나 복제화를 내담자에게 보여 주고 감
 상할 시간을 준다.

-내담자인 감상자는 그림에서 무엇을 보았는지, 어떤 인상을 받았는지, 어
 떤 느낌, 생각이 들었는지 미술치료사 혹은 집단원과 이야기를 나눈다.

-명화 내용에 인물들이 있으면 내담자는 그중 한 인물이나 인물에 해당하
 는 상징물을 선택하여 자신의 입장에서 하고 싶은 말이나 떠오르는 생각

들을 말한다.

- 미술치료사는 내담자에게 특정 인물이나 모든 인물이나 상징물의 역할을 하게 하여 그 관점에서 하고 싶은 말이나 감정을 표현하도록 제안할 수 있다.

- 집단 미술치료인 경우, 명화 내용의 인물만큼 집단원이 각자 역할을 맡아 자신들이 느끼고 생각하는 대화를 할 수 있다.

- 미술치료사는 명화 감상과 대화 등의 단계가 마무리되면, 화가, 제목, 그려진 배경, 화가의 생애를 간단히 소개하거나 생략할 수 있다.

- 미술치료사는 치료 회기 후에 명화 감상과 관련한 내담자의 대화 내용과 반응 등을 기록하여 치료 목적에 연결되었는지 평가한다.

접근 방법 3

- 미술치료사는 내담자를 위한 치료 목적, 단계에 따른 주제를 선정하여 명화를 파워포인트를 통한 영상이나 복제화를 내담자에게 보여 주고 감상할 시간을 준다.

- 내담자는 감상을 대화로 하지 않고 바로 자신에게 떠오르는 감정, 기억, 생각 등을 짧은 글이나 자기 삶의 어떤 상황을 판타지 내용이나 동화 등으로 쓸 수 있다.

- 명화를 두고 내담자는 자신이 쓴 글이나 이야기나 동화를 읽는다.

- 집단 미술치료인 경우, 집단원은 돌아가며 자신의 글을 읽어 주고, 후에 서로 피드백을 나누거나 모두가 각자 글을 낭송하고 난 후 피드백을 나눈다.

−미술치료사는 명화 감상과 대화 등 단계가 마무리되면, 화가, 제목, 그림 배경, 화가의 생애를 간단히 소개하거나 생략할 수 있다.

−미술치료사는 치료 회기 후에 명화 감상과 관련한 내담자, 집단원의 대화 내용과 반응 등을 기록하여 치료 목적에 연결되었는지 평가한다.

접근 방법 4

−미술치료사는 주제에 해당하는 명화 한 작품이나 같은 화가의 다른 작품 2~3장을 파워포인트나 복제화로 준비하여 내담자에게 보여 준다.

−내담자는 명화 중에 한 작품을 선택한다.

−내담자가 선택한 그림을 감상한 후, 미술치료사가 대화할 내용을 간단히 소개하면, 내담자는 자신이 하고 싶은 이야기를 자유롭게 한다.

−대화 내용의 예는 다음과 같다:

이 그림에서 어떤 인상을 받았나요? 어떤 이유로 이 그림을 선택했는지 요? 이 그림을 자신의 삶에 연결하면 어떤 상황, 기억, 감정이 떠오르는 가요?

−상황에 따라 대화 내용을 확장하여 진행할 수 있다.

−미술치료사는 명화 감상과 대화 등 단계가 마무리되면, 화가, 제목, 그림 배경, 화가의 생애를 간단히 소개하거나 생략할 수 있다.

−미술치료사는 치료 회기 후에 내담자의 명화 감상과 관련한 대화 내용과 반응 등을 기록하여 치료 목적에 연결되었는지 평가한다.

접근 방법 5

- 내담자 혹은 미술치료 집단원들과 미술관을 방문한다.
- 미술치료사는 사전에 미술치료 감상 주제에 적절한 작품들이 전시되는
  지 알아보고 미술관을 정한다.
- 이 경우, 미술치료사는 근무지와 내담자의 동의를 받는다.
- 미술치료사는 전시관에서 화가, 제목, 그림 배경, 화가의 생애를 간단히
  소개한다.
- 내담자 혹은 집단원들은 전시장에서 작품을 감상한 후에 조용한 공간에
  가서 감상에 관련한 대화를 나눈다.
- 그런 후에 다시 해당 작품 앞에 가서 이야기를 나누지 않고 감상할 수
  있다.
- 미술치료사는 치료 회기 후에 내담자의 명화 감상과 관련한 대화 내용을
  기록하여 치료 목적에 연결되었는지 평가한다.
- 코로나 19 상황처럼 미술관 방문이 어려운 경우나 거동이 어려운 내담자
  인 경우는 미술관이 제공하는 온라인 전시를 미술치료사가 재구성하여
  미술치료실에서 가상의 관람을 할 수 있는 장치를 마련하여 실시한다.

2) 명화 감상 재구성 미술치료

접근 방법 1

- 미술치료사는 내담자의 치료적 목적, 단계에 따른 주제를 선정하여 명화
  를 파워포인트를 통한 영상이나 복제화를 내담자에게 보여 주고 감상하

게 한다.

- 내담자인 감상자는 그림에서 무엇을 보았는지, 어떤 인상을 받았는지, 어떤 느낌, 생각이 들었는지 치료사 혹은 집단원과 이야기를 나눈다.

- 내담자는 미술 작품 내용과 상황 및 분위기를 어떻게 바꿔 보고 싶은지 생각한다.

- 미술치료사는 제시한 명화의 컬러복사본(A4 정도나 확대 · 축소)을 내담자나 집단원에게 나누어 준다.

- 내담자는 그림을 보고 자신이 그 화가로 미술 활동을 계속한다고 상상하며 수정, 삭제하거나 보완하고 싶은 이미지를 떠올려 복사본 중의 일부를 오려서 켄트지(8, 4절지 정도)에 재구성하거나 잡지나 사진을 오려서 덧붙이거나 그림을 더 그려 넣을 수 있다.

- 내담자는 감상한 명화를 재구성한 후에 명화와 자신의 작품을 미술치료사 혹은 집단원과 다시 감상한다.

- 내담자 혹은 집단원은 각자 자신의 작품에 관한 이야기를 한다. 미술치료사와 집단원은 발표한 내담자의 작품을 감상하고 원작품과 달라진 점, 분위기와 느낌에 관해 이야기를 나눈다.

- 집단원이 한 내담자의 작품을 감상하고 피드백을 나눈 후에 작품을 만든 내담자가 재구성 과정과 자신의 이야기를 들려 준다.

- 미술치료사는 명화의 화가, 제목 정도를 알려 주거나 화가의 작품 동기, 시대적, 개인적 상황 등도 알려 줄 수 있다.

- 미술치료사는 회기 후에 내담자의 명화 감상 재구성 작업과 관련한 그림과 대화 내용과 반응 등을 기록하여 치료 목적에 연결되었는지 평가한다.

접근 방법 2

- 미술치료사는 명화를 4~5 작품 정도 선택하여 감상 인원수만큼 각각 복사한다.
- 미술치료사는 내담자 혹은 집단원에게 명화들을 보여 주며 감상하게 한다.
- 내담자 혹은 집단원은 자신에게 말을 걸어오는 작품 2~3개 정도를 선택한다.
- 내담자 혹은 집단원은 선택한 명화들을 다시 감상한다. 각자 이때 받은 느낌이나 기억, 생각, 아이디어 등을 메모할 수도 있다.
- 내담자는 자신이 선택한 그림 중에 원하는 부분들을 자르거나 찢어서 화지에 재구성한다.
- 내담자는 내용을 붙인 후에 원하는 매체로 작품을 보완하여 그리거나 사진이나 잡지 등을 오려 콜라주 작업을 할 수 있다.
- 미술 활동을 끝낸 후, 내담자는 자신의 재구성한 작업을 보며 글쓰기를 한다.
- 내담자는 글쓰기를 마치면 치료사 및 집단원에게 그림을 보여 주며 원작품에서 어떤 것들을 선택했는지 설명하고 자신의 글을 낭송하고 이야기를 나눈다.
- 미술치료사는 원작품의 화가, 제목 정도를 알려 주거나 화가의 작품 동기, 시대적, 개인적 상황 등도 알려 줄 수 있다.
- 미술치료사는 치료 회기 후에 내담자의 명화 감상과 재구성 작업과 관련한 그림과 대화 내용을 기록하여 치료 목적에 연결되었는지 평가한다.

접근 방법 3

- 미술치료사는 치료 목적과 단계에 따른 주제와 관련된 명화를 파워포인트 영상이나 복제화(A4 크기 정도)를 내담자에게 보여 주고 감상하게 한다.
- 미술치료사는 2절이나 4절 켄트지를 제시하며 작품복사본의 내용을 원하는 대로 전체, 혹은 자르거나 찢어서 자유롭게 붙이도록 제안한다.
- 미술치료사는 이 방법이 확장 그림, 보완 그림이라고 사전에 알려 줄 수 있다.
- 내담자는 명화의 전체나 일부를 붙인 후 자신의 연상에 따라 작품을 확장하는 방식으로 연결하여 그리거나 콜라주로 표현한다.
- 재구성 그림이 완성되면 내담자는 집단원들과 감상을 한 후에 이야기를 나눈다.
- 미술치료사는 작품 감상 후에 화가와 작품 제목, 작품의 시대적, 개인적 상황을 간단하게 설명해 줄 수 있다. 이 부분은 알려 주지 않을 수도 있다.
- 미술치료사는 회기 후에 내담자의 명화 감상과 재구성 작업에 관한 작품과 대화 내용을 기록하여 치료 목적에 연결되었는지 평가한다.

접근 방법 4

- 내담자는 미술치료사 및 집단원들과 명화를 감상하고 미술치료사에게 복제화를 받는다.
- 내담자는 명화와 명화 주제에 근거하여 자신이 받은 인상을 카드 크기로 그린 후, 카드 옆이나 뒷면에 보내고 싶은 대상에게 편지를 쓴다.
- 내담자는 완성된 작품을 미술치료사 및 집단원과 함께 감상하며, 자신의

편지 내용을 낭송할 수도 있다. 내담자가 원치 않으면 내용을 읽지 않아도 된다.

-감상과 낭송 후에 서로 피드백을 나눈다.

-미술치료사는 치료 회기 후에 내담자의 명화 감상과 관련한 재구성 그림과 대화 내용을 기록하여 치료 목적에 연결되었는지 평가한다.

접근 방법 5

-내담자는 미술치료사 및 집단원들과 명화를 감상하고 미술치료사에게 복사본을 받는다.

-내담자는 그림 위에 투사지나 OHP 필름을 놓고 검정 네임펜으로 그림의 윤곽을 본뜬다.

-내담자는 윤곽만 표시된 그림에 자신만의 색을 칠한다.

-내담자는 활동을 마무리한 후에 복사본과 자신의 작품을 놓고 치료사 및 집단원과 감상한다.

-색과 분위기가 어떻게 달라졌는지, 왜 그렇게 달라졌는지, 감정의 변화가 있었는지 등에 대해 대화가 이루어진다.

-미술치료사는 치료 회기 후에 내담자의 명화 감상과 재구성 작업과 관련한 그림과 대화 내용을 기록하여 치료 목적에 연결되었는지 평가한다.

접근 방법 6

-미술치료사는 내담자에게 초상화, 자화상 명화에 해당하는 인물 주제 그림을 보여 준다.

명화 감상 미술치료

I. 이론편

3. 수용적 미술치료 접근 방법 **115**

-내담자는 미술치료사 및 집단원과 명화를 함께 감상하고 미술치료사에게 복사본을 받는다.

-내담자는 거울이나 사진 영상으로 자신을 보면서 그대로 그리거나 자신의 어린 시절 나이, 상황, 분위기를 떠올려서 어린 시절의 자화상을 그린다.

-미술치료사는 미술치료 내용이나 단계에 따라 내담자의 어린 시절뿐 아니라 청소년기, 청년기 자화상을 그리거나 미래 자화상을 그리도록 몇 회기를 통해 시리즈로 연결할 수 있다.

-내담자는 인생의 여러 단계에 표현된 자화상을 두고 미술치료사 및 집단원과 대화를 나눈다.

-미술치료사는 치료 회기 후에 명화 감상과 내담자의 자화상에 관련한 그림과 대화 내용 및 반응을 기록하여 치료 목적에 연결되었는지 평가한다.

접근 방법 7

-내담자 혹은 미술치료 집단원과 미술관을 방문한다.

-미술치료사는 사전에 미술치료 감상 주제에 적절한 작품들이 전시되는지 알아보고 미술관을 정한다.

-미술치료사는 근무지와 내담자의 동의를 받고 전시장으로 가야 한다.

-미술치료사는 전시관에서 화가, 제목, 그림 배경, 화가의 생애를 간단히 소개할 수 있다. 혹은 내담자 및 집단원이 질문이나 안내 없이 작품을 감상한다.

-미술치료사와 내담자 및 집단원은 작품을 감상하고 조용한 공간에 가서 감상에 관한 대화를 나눈다.

−그런 후에 모두 다시 해당 작품 앞에 가서 이야기를 나누지 않고 감상한다.

−다음 회기에 내담자 및 집단원은 미술관에서 감상한 그림 복사본으로 자신만의 재표현 과정을 경험할 수 있다.

−미술치료사는 치료 회기 후에 내담자의 명화 감상과 관련한 그림과 대화 내용을 기록하여 치료 목적에 연결되었는지 평가한다.

4. 수용적 미술치료에서 미술치료사 역할

미술치료사의 역할은 미술치료의 전문성으로 내담자나 환자의 장애나 심리적, 정서적 혹은 정신신체 문제를 치료하는 것이다. 나아가 미술치료사는 치료 목적과 효과를 위해 내담자나 환자에게 안정감과 신뢰를 줄 수 있는 심리적, 환경적 지지자와 동행자로서 개인의 문제를 해결하고 자아를 강화하도록 돕는다. 여기에 학문과 임상에 기반을 둔 미술치료사의 전문성 강화를 위한 대학 교육과정 정착, 수정과 보완에 대한 논의가 항상 존재해 왔다(Andina-Kernen, 1996; Dannecker, 2015; Petzold & Sieper, 1991; Wickelhaus, 2006, Majer, 2015 등). 이에 '독일 미술치료 협회(Deutscher Fachverband für Kunst-und Gestaltungstherapie: DFKCT)'는 유럽의 대학교육 '볼로냐 개혁(Bologna-Reform)'에 근거하여 미술치료 교육과정을 구체화했다(Majer, 2015). 다음은 미술치료사의 전문지식과 역할을 위한 구체적인 제시를 소개하고자 한다.

Majer(2015)는 대학교육 개혁에 기반한 미술치료사의 전문 능력을 세 영역으로 구분하는데, 이것은 각각의 특성과 차이점이 있지만 서로 밀접하게 연결된다. 미술치료사 전문지식의 세 영역은 '수용적 미술의 전문지식(인식과 이해)', '생산적 미술의 전문지식(실행과 경험)'과 '성찰적 미술의 전문지식(참조와 맥락화)'이다. 세 영역의 하위내용을 살펴보면 다음과 같다(Majer, 2015, pp. 54-55).

1) 수용적 미술의 전문지식(인식과 이해)

- 미적 현상에 대한 감수성과 공감
- 미적 현상에 대한 차별화된 인식과 즉각적이며 가치판단을 배제한 인식
- 유추해석 능력
- 조형의 재료, 형태 및 내용 이해
- 미적 경험과 인식이 작동하는 방식 이해
- 의사소통 및 상호작용의 형태가 되는 미술 이해
- 다양한 조형 원리 및 표현 형식 이해
- 다양한 매체 및 재료의 특성 및 용도 이해
- 미술치료 주제와 관련성 있는 예술적 입장 및 개념 이해
- 미술 지식 습득

2) 생산적 미술의 전문지식(실행과 경험)

- 미술 매체와 재료에 대한 실용 지식과 적절한 활용 능력

- 미술 과정과 성취에 대한 실용 지식과 적절한 활용 능력
- 아날로그적 진행 능력
- 외형적, 미적 실행 및 작업 능력
- 자발적인 미술 활동의 즉흥성 및 우연적 현상 활용 능력
- 미술 활동 과정에 동일시와 거리를 두는 능력
- 미적 연구 과정과 인식 과정의 설계 능력
- 미술적 상호작용, 협업 및 참여의 설계 능력
- 적절한 문서화 및 미술 과정과 작품의 제시 능력
- 미술 지식 응용

3) 성찰적 미술의 전문지식(참조와 맥락화)

- 수용적, 생산적 미술 전문지식의 상호관계를 발전시킬 수 있는 능력
- 미술 활동을 개인적, 사회적, 문화적 조건과 관련한 복합적 관점으로 성찰하는 능력
- 유사한 인식과 행동을 상호 연결하는 능력
- 미술 현상의 탈맥락화와 재맥락화 능력
- 미술 형식과 의미 간의 일치점과 차이점 인식하는 능력
- 미술의 차별적 현상을 다루는 능력
- 미술 현상과 지식을 적절히 전달하는 능력
- 미술 지식 평가

Majer는 미술치료에서 미술치료사의 전문지식인 수용적, 생산적, 성찰적 능력에 그림 상상 능력과 그림에 대한 의사소통 능력을 첨가한다. 즉, 그림 그리기, 그림 이해, 그림 관련 의사소통, 그림 인식과 그림 상상에 대한 능력이다([그림 3-3] 참조). 이러한 능력은 명화 감상 미술치료의 전문지식이자 미술치료사의 역할에 중요한 잣대가 된다.

이러한 능력 외에도 정신분석적 미술치료의 견해를 밝히는 Schmeer(1995/2004)는 미술치료에서 환자의 그림 작업과 관련하여 미술치료사는 자신이 입장이 현실을 완전히 떠나서는 안 된다고 강조한다. 다시 말해서 치료사가 지녀야 할 이상적 입장은 자신의 한쪽 발은 그림에 두고, 다른 한쪽 발은 현실에 두어야 한다는 것이다. 이를 위해서 Schmeer는 미술치료사는 환자의 강점과 능력을 볼 수 있고 그림의 자원들을 발견할 수 있는 확대된 시야를 확보하고, 환자가 치료사의 자원에 의존하지 않고 자신의 그림에서 자원

●그림 3-3● 그림 능력(Majer, 2015: 56)

을 얻도록 도와야 한다고 강조한다. 나아가 미술치료사는 환자의 자아를 수용하는 경청과 주의집중을 통해 환자와 무의식적인 동맹을 맺도록 그녀는 제안한다.

미술치료에서 명화 감상은 치료사가 예술 작품을 환자의 병이나 문제, 병정도, 나이 등의 상황에 맞도록 선택하여 감상을 유도하는 것이 중요하다. 무엇보다 미술치료사는 명화, 예술품에 대한 지식과 치료적 적용에 대한 수련이 필요하다. 예술 감상 자체가 치유의 힘이 있다면, 미술치료에서도 내담자가 혼자서 감상하는 것만으로 충분하지 않은가에 대한 질문을 할 수 있다. 그러나 치료 목적을 위한 예술 감상은 다른 차원이다. 미술교육에서도 학생들에게 미술 작품 감상법을 교육하는 교육자가 필요하듯이, 미술치료에는 치료사의 안내와 동행이 필요하다. 미술관의 전문 봉사자인 도슨트의 업무나 미술평론가의 작업과 다르게, 미술치료사는 내담자가 작품과 정신적, 심리적으로 대화할 수 있도록 안내한다.

예술 작품 선택에도 미술치료사의 선호 화가, 화풍, 시대 등의 개인적 취향이 아니라, 명화가 내담자에게 끼치는 의식적, 무의식적 역동을 고려해야 한다. 또한, 미술치료사는 내담자가 명화 감상을 한 후 재구성, 작업에서 일어나는 역동에도 주의를 기울여야 한다. 이와 관련하여 Schmeer(1995/2004)는 미술치료에 미술치료사와 환자의 의사소통 관계를 네 가지 차원으로 제시한다. 첫째는 치료사의 의식과 환자의 의식(언어적 교류, 정보 교환), 둘째는 치료사의 의식과 환자의 무의식(그림에 나타난 상징 내용과 무의식의 내용 이해), 셋째는 환자의 의식 및 무의식과 치료사의 무의식(역전이 해결), 넷째는 치료사의 무의식과 환자의 무의식이다. Schmeer는 이 중에 넷째 차원이 가장 중요하고 진실한 것이라고 하는데, 여기에서 환자의 무의식은 치료사의 무의식에서 나온 그림을 직접적으로 넘겨받기 때문이라는 것이다. 이를 위해서 미술치료사는 자기 경험 과정을 수련하면서 자기 영혼에 있는 치유적 내적 원형을 발굴하는 것이 매우 중요하다고 Schmeer는 강조한다.

Schmeer(2006/2011)는 정신분석적 미술치료에서 미술치료사는 "그림에 중립적 태도를 보임으로써 자신이 그림과 내담자의 '한가운데 있는' 경험을 하며, 정신역동적, 가족적, 사회적 체계와 그림을 유사성을 알아낼 수" 있어야 한다고 제시한다. 이를 통해 미술치료사는 그림을 새롭게 보는 방식을 연습한다. 즉, 미술치료사는 내담자의 그림을 먼저 개괄적이고 다양하게 전체로서 감상하고, 그다음 그림을 집중적으로 보면서 세부적인 것을 보아야 한다. Schmeer는 마지막 단계인 그림을 집중적, 세부적으로 보는 것은 '역동적 보기'로서 직선적 역동이 아닌 순환적 역동으로 미술치료사는 이런 과정을 통해 자신의 존재가 여기에 함께 형상화된다는 것이다. 이러한 과정에서 미술치료사도 '초보자의 눈' '초보자의 정신'을 연마하게 된다.

특히 '명화 감상 재구성 미술치료' 방법에서는 감상의 차원이 반복하여 나타남으로써, 무의식의 의식화와 그 과정에 심리적 역동이 잘 일어날 수 있다. 이런 점에서 미술치료사는 명화를 선택할 때, 중립적 입장과 객관적 시야를 가지는 훈련과 태도가 더 필요하다. 미술치료 과정에서 미술치료사는 내담자에게 예술가의 생애, 미술사조, 제목, 주제 등을 사전에 알려 주며 감상하기보다 그림 자체를 먼저 감상하기를 유도한다. 미술치료에서 내담자는 잘 알려진 명화, 예술품이기 때문에 가치와 아름다움이 있다는 믿음이나 선입견을 토대로 감상하는 태도가 아닌 데서 출발한다. 감상자는 예술가에 대한 정보나 지식과 선입견에 의존하여 감상하는 습관에서 벗어날 수 있어야 한다. 이는 예술이 지니는 정서와 조화는 예술가의 머리가 아니라 가슴과 영혼에서 나온 것, 즉 '영혼으로부터 영혼으로 전달되며 감동으로부터 생겨난 것' (Huyghe, 1960/1983)이기 때문에, 감상자도 그것을 온전히 전달받기 위해서 그림, 예술 작품 자체의 소리에 귀 기울여야 한다. 여기에는 작위적 조건들이 배제될 수 있고 작품의 메시지를 진실하고 풍부하게 전달받을 수 있기 때문이다.

미술치료사는 감상자인 내담자가 무엇을 보고 느끼는가를 중심으로 작품과 대면하도록 한다. 미술치료사는 감상자가 주의를 기울여 보며, 순진한 눈, 방어를 낮춘 감상을 하도록 안내한다. 이는 작품 스스로가 감상자인 내담자에게 말하도록 하는 것인데, 그렇게 되기 위해서는 내담자가 들을 수 있는 연습을 하는 것도 필요하다. 즉, 내담자는 '말 없는 언어'인 그림을 보고 의식, 무의식의 내용 떠올리기, 인상, 느낌 등을 갖는 자신만의 시간이 필요하다. 이것의 목적은 작품의 상징적 의미나 공간이 어디인지, 인물은 누구인지, 어떤 내용인지 아는 것보다 내담자 자신의 기억과 인상과 느낌에 다가가도록 하는 것이다. 미술치료사도 명화 미술치료를 하기 위해 명화를 선택할 때도 이와 같은 과정을 밟는다. 이러한 과정은 Majer(2015)가 앞서 제시한 미술치료 교육과정에서 연습할 수 있다.

내담자가 선택한 명화는 그의 개인적 경험, 의식이든 무의식이든 그의 경험과 관계 있거나 그 경험을 반영한다. 이미지를 통한 표현은 내담자의 자기 경험을 말로 표현하기 어려운, 어려웠던, 억제했던, 억압했던, 경험을 좀 더 이해할 수 있는 시각언어로 표현한 것이다. 이것은 내담자 내면에 멈추어 머무르고 있던 사건, 기억, 즉 자기 개인의 역사에서 단절되어 있던 어떤 시점을 명화가 의식적이든 무의식적이든 풀어 주는 실마리가 된다.

　미술치료사는 이러한 구조를 형성하기 위해서 내담자의 정신과 마음을 움직이고 내담자가 자신의 활동에 대한 동기를 가지도록 준비해야 한다. Andina-Kernen(1996)은 이러한 맥락에서 미술치료사는 미술 과정에 동행하며, 내담자에게 기술적 도움을 줌으로써 '보조-자아-기능'을 갖게 된다고 한다. 또한, Andina-Kernen은 미술치료사의 역할은 단순하고 일반적인 우정 어린 관계가 아닌, 특수한 치료적 관계로 이루어지며, Winnicott의 제시처럼 내담자에게 심리적 여지를 제공해야 하며, 내담자의 '정신력을 발산'할 수 있는 '전이적 여지'를 경험할 수 있도록 고려해야 한다는 것이다. 이런 점에서 미술치료사는 Winnicott의 '중간대상' 혹은 '적응력과 창조적 능력과 편안하고 부드러운 느낌을 주는 지지와 다루어 주기, 대상과의 관계를 실제 행하도록 제시하는 좋은 어머니의 기능'(Winnicott, 1992)을 한다. 이러한 관계 경험은 내담자의 성장 과정과 외부 환경의 적응과 회복에 중요한 기반이 된다.

명화 감상 미술치료

II. 실제편

명화 감상 미술치료 프로그램 안내

실제편에 선정한 주제별 명화는 100작품이다. 필자가 명화를 통한 개인 미술치료, 집단미술 치료, 미술치료 교육을 위한 워크숍에서 다루었던 주제와 내용을 심화, 확장하여 소개하고자 한다.

● 프로그램 준비사항

미술치료사는 모든 회기에 명화를 파워포인트로 스크린에 올리거나 실제 크기나 적당한 크 기의 컬러 복사를 제시한다. 명화가 흑백일 때는 그대로 사용한다. '감상 재구성 방법'을 적용 하는 미술치료사는 회기마다 각 개인이 활용할 수 있도록 명화를 적당한 크기로 복사해서 제 공한다.

● 프로그램 구성

프로그램 구성은 주제, 목표, 화가와 작품, 매체, 미술치료 과정, 주제 관련 작품 소개 순서로 제시된다.

첫째, 주제는 대상 관계, 자아 탐색, 정체성, 애착, 이별, 정서, 상실, 애도, 회복 및 재활, 성, 꿈, 희망, 소통, 역할, 명상, 자유, 자연, 동물, 환경 등이다.

둘째, 목표는 각 주제에 따라 정한다.

셋째, 명화 선정은 주제, 치료 목표를 고려하였다.

여기에 대상(아동, 청소년, 성인, 노인)과 대상의 특성과 적용 시점(초기, 중기, 후기)에 따라 미술치료사가 활용할 수 있다. 또한, 명화 선정은 미술치료의 유형인 개인 혹은 집단(폐쇄집 단, 자유 참여집단) 등에 따라 다를 수 있다.

넷째, 매체는 제시한 것 외에도 내담자의 상황에 따라 추가할 수 있다.

다섯째, 미술치료 과정은 명화 감상 미술치료(1 안)와 명화 감상 후 재구성(2 안)의 접근 방법 을 소개한다. 미술치료사는 1 안과 2 안 중에 선택하여 진행한다.

여섯째, 각 프로그램에 주제 관련 작품을 더 소개한다. 각 주제마다 1~5작품 정도가 제시된 다. 여기에는 지적 재산권으로 이 책에 싣지 못하는 명화도 포함되어 있다.

● **주제:** 모자 관계

● **목표:** 모자 관계 이해, 의사소통력 향상, 문제 해결력 향상, 잠재자원 활성화

● **화가와 작품**

어머니와 아이

모자

- 콜비츠(Käthe Kollwitz, 독일, 1867~1945)

  −어머니와 아이(Mutter mit Kind, 1916, 석판화, 33×19cm), 쾰른 케테 콜비츠
  미술관

- 박수근(한국, 1914~1965)

  −모자(1961, 유화, 45.5×38cm, 소장처 불명)

● **매체:** 작품 컬러 복사본(A4 크기), 투사지, 켄트지(4, 8절), 색연필, 오일파
  스텔, 파스넷, 아크릴물감, 수채물감, 붓, 팔레트, 물통

🍎 미술치료 과정

(1안) 명화 감상

- 명화 감상과 묘사

  −내담자는 명화의 인물, 인물 관계, 인물 간격, 색채, 정서, 상황 등 말하기

- 나눔

  −그림 감상 후 감상자의 정서, 생각, 기억 등 이야기 나누기

(2안) 감상 재구성 미술 활동

- 명화 감상

  −(1안)의 명화 감상과 묘사와 동일

- 미술 활동(선택)

  −투사지를 이용해 작품 따라 그리기

  −그림 내용을 오려서 재구성 콜라주

  −자신이 어머니가 되거나 아이가 되는 〈어머니와 아이〉 주제 그리기

- 나눔

  −그림을 그리면서 어떤 느낌, 생각, 기억 등이 떠올랐는가?

  −자신의 모자 관계에 대한 기억은 어떤 것인가?

  −자신이 그린 그림은 자신에게 어떤 의미를 주는가?

🍎 주제 관련 작품 소개

- 코스타(Lorenzo Costa): 모자상

- 다비드(Gerad David): 죽을 먹이는 성모상

- 라파엘로(Sanzio Raffaello): 초원의 성모

- 르누아르(Auguste Renoir): 아기를 안고 있는 어머니

🍎 **주제:** 유년 시절

🍎 **목표:** 유년 시절 관련 감정과 기억 등 활성화, 현재 삶과 통합, 잠재자원 활성화

🍎 **화가와 작품**

해와 아이들

물고기와 노는 아이들

- 이중섭(한국, 1916~1956)

  −해와 아이들(1952~1953, 연필과 유채, 32.5×49cm, 소장처 불명)

  −물고기와 노는 아이들(1953, 연필과 유채, 10.5×2.5cm, 소장처 불명)

🍎 **매체:** 작품 컬러 복사본, 켄트지(8절), 투사지, OHP필름, 네임펜, 유성펜, 아크릴물감, 크레파스, 연필, 색연필

🍎 미술치료 과정

(1안) 명화 감상

- 명화 감상과 묘사

  −그림을 감상하며 그림의 내용 말하기

- 나눔

  −그림 감상으로 느낀 감정, 인상, 기억 등 이야기 나누기

(2안) 감상 재구성 미술 활동

- 명화 감상

- 미술 활동(선택)

  −선택한 그림을 투사지나 OHP필름을 이용하여 따라 그리기, 다른 색칠하

   기 가능

  −선택 그림 보고 따라 그리기

- 나눔

  −작품을 하면서 느낀 점, 기억 등에 대해 이야기 나누기

🍎 주제 관련 작품 소개

- 코코슈카(Oskar Kokoschka): 놀고 있는 어린아이들

- 이중섭: 봄의 아이들

- 장욱진: 닭과 아이

3 자화상

🍎 **주제:** 자화상

🍎 **목표:** 정체성 인식 및 이해, 자아효능감, 자아 성찰

🍎 **화가와 작품**

34세의 자화상

63세의 자화상

꽈리 열매가 있는 자화상

자화상

- 렘브란트(Rembrandt Van Rijn, 네덜란드, 1606~1669)

  - 34세의 자화상(Self Portrait at the age of 34, 1640, 유화, 102×80cm, 런던 국립 미술관)

  - 63세의 자화상(Self Portrait at the age of 63, 1669, 유화, 86×70.5cm, 런던 국립 미술관)

- 쉴레(Egon Schiele, 오스트리아, 1890~1918)

  - 꽈리 열매가 있는 자화상(Self portrait with Physalis, 1912, 유화, 39.8× 32.2cm, 빈 레오폴드 미술관)

- 콜비츠(Käthe Kollwitz, 독일, 1867~1945)

  - 자화상(Selbstbild, 1934, 석판화, 21×19cm, 쾰른 케테 콜비츠 미술관)

● **매체:** 작품 컬러 복사본, 켄트지(4~8절) 혹은 캔버스, 아크릴물감, 물감, 물통, 붓, 팔레트, 파스텔, 크레파스, 색연필

● **미술치료 과정**

(1안) 명화 감상

- 감상과 작품 묘사

  - 그림을 감상하며 그림의 내용 말하기

- 나눔

  - 그림 감상 후 감상자의 정서, 생각, 기억 등 이야기 나누기

(2안) 감상 재구성 미술 활동

- 명화 감상

  - 1안의 명화 감상과 묘사와 동일

- 미술 활동(선택)

−선택한 명화 따라 그리기

  −자신의 아동기, 청소년, 청년기, 성인기, 노년기 중에 선택하여 자화상 그
    리기

  −현재 자화상 그리기

• 나눔

  −선택한 자화상은 어떤 점이 끌렸는가?

  −명화의 예술가 자화상을 통해 예술가를 어떻게 이해할 수 있는가?

  −자화상을 그리면서 또 그리고 난 후의 느낌이나 드는 생각은?

  −자화상은 자신의 심리적, 정신적 상태를 반영하는가?

  −자신은 모습 중에 마음에 드는 부분은?

  −자화상 중에 변화되었으면 하는 부분은? 표정, 윤곽, 분위기 등

🍎 주제 관련 작품 소개

• 고흐(Vincent van Gogh): 자화상

• 뭉크(Edvart Munch): 자화상

4 초상화

● **주제:** 정체성, 타인 인식, 자기 의식화, 자아 성찰

● **목표:** 정체성 의식화, 잠재자원 활성화, 자아 강화, 자아 성찰과 타인 이해

● **화가와 작품**

가셰 박사의 초상

후안 그리스의 초상화

푸른 드레스를 입고 앉아 있는 여인

빨간 스카프의 잔 에뷔테른

- 고흐(Vincent van Gogh, 네덜란드, 1853~1890)

  −가세 박사의 초상(Dr. Paul Gachet, 1890, 유화, 68×57cm, 파리 오르세 미술관)
- 모딜리아니(Amedeo Modigliani, 이탈리아, 1884~1920)

  −후안 그리스의 초상화(Portrait of Juan Gris, 1915, 유화, 56×38cm, 뉴욕 메트로폴리탄 미술관)

  −푸른 드레스를 입고 앉아 있는 여인(Woman Sitting in a Blue Dress, 1917~1919, 유화, 70×50cm, 스톡홀름 현대 미술관)

  −빨간 스카프의 잔 에뷔테른(Jeanne Hebuterne with Red Scarf, 1919, 유화, 88×56cm, 개인 소장)
- 🍎 **매체:** 작품 컬러 복사본(A4 크기), 켄트지 (8절), 색연필, 오일파스텔, 파스넷, 아크릴물감, 수채물감, 붓, 팔레트

🍎 **미술치료 과정**

(1안) 명화 감상

- 명화 감상을 하고 그림 내용 말하기
- 나눔

  −여인 초상화 감상한 후에 한 작품 선택

  −초상화의 인물에 대해 상상: 인물의 나이, 생활 배경, 내외적 상황 상상하여 이야기 나누기

  −작품을 통해 어떤 인상, 어떤 느낌을 받았는지 이야기 나누기

(2안) 감상 재구성 미술 활동

- 명화 감상
- 미술 활동(선택)

−선택한 작품 따라 그리기

−선택한 작품 변형하여 그리기(표정, 옷, 장식, 배경 등)

• 나눔

−선택한 초상화는 어느 것이며, 왜 그 작품에 끌렸는가?

−초상화 인물은 어떤 나이, 상황, 생활을 보여 주는가?

−초상화는 평소 자신이나 아는 사람의 모습을 반영하는가?

−초상화에서 어떤 것을 발견할 수 있는가?

−작품의 인물에게 하고 싶은 말이 있다면, 어떤 것인가?

🍎 주제 관련 작품 소개

• 모딜리아니(Amedeo Modigliani): 여인 초상 시리즈

• 반 동겐(Kees Van Dongen): 뺨에 손가락을 대고 있는 여성, 양귀비

• 르누아르(Auguste Renoir): 잔 사마리의 초상

5 정체성

🍎 **주제:** 자아 정체성 탐색, 정체성 의식, 정체성 강화

🍎 **목표:** 자기 이해, 정체성 의식화, 자기효능감, 문제 해결력, 자아 강화, 잠재자원 활성화

🍎 **화가와 작품**

운무 위의 방랑자   창가의 여인

- 프리드리히(Caspar David Friedrich, 독일, 1774~1840)
  - 운무 위의 방랑자(Der Wanderer über dem Nebelmeer, 1818경, 유화, 74.8×94.8cm, 함부르크 미술관)

−창가의 여인(Frau am Fenster, 1822, 유화, 44×37cm, 베를린 국립 미술관)

🍎 **매체:** 작품 컬러 복사본(A4 크기), 켄트지 (4, 8절), 색연필, 오일파스텔, 파스넷, 아크릴물감, 수채물감, 붓, 팔레트, 잡지, 칼, 가위, 풀

🍎 **미술치료 과정**

(1안) 명화 감상

• 그림 감상과 묘사

　−그림을 본 후 눈을 감고 그림 떠올리기

　−눈을 떠서 그림 내용 말하기

• 나눔

　−그림을 보면서 떠오르는 느낌, 생각, 기억 등 이야기 나누기

　−그림 속 사람은 어떤 사람일까? 왜 여기에 서 있는가?

　−그림 속 사람의 삶의 이력은 어떤지 상상해 보기?

　−그림 속 사람이 보고 싶은 풍경인가?

　−그림 속 사람이 바라보고 싶은 풍경은 어떠하며, 어떤 계절, 어떤 시간일까?

　−그림 속 사람은 현재 어떤 삶을 살며 또 어떤 미래를 희망하고 있을까?

(2안) 감상 재구성 미술 활동

• 명화 감상

• 미술 활동(선택)

　−그림 속 사람이 보고 싶은 풍경 그리기나 콜라주

　−그 사람이 다른 곳에 있는 모습 그리기나 콜라주

• 나눔

－그림 속 사람이 보는 풍경은 그와 어떤 관계가 있는가?

－그림 속 인물이 보고 싶은 풍경이나 다른 곳에 있는 이유는 무엇 때문인가?

－자신을 그림 속 인물과 상황을 바꾸어 묘사하면서 어떤 느낌이 들었는가?

－그림과 자신은 어떤 관계가 있는가?

🍎 주제 관련 작품 소개

• 샌디즈(Edwina Sandys): 자유로운 여성

6 고향

● **주제:** 자아 정체성, 잠재자원 활성화, 주체성, 희망, 위로

● **목표:** 정체성 이해, 심리적 에너지 갱신, 긍정적 정서, 자주성 강화

● **화가와 작품**

테건 호수 풍경

테건 호수의 봄 풍경

커다란 소나무와 생트 빅투아르 산

- 마케(August Macke, 독일, 1887~1914)
  - 테건 호수 풍경(Tegernsee landscape, 1910, 67×66.4cm. 뉘른베르크 게르만 국립박물관)
  - 테건 호수의 봄 풍경(spring lanscape in Tegernsee, 1910, 유화, 52.2× 56.8cm, 소장처 불명)
- 세잔(Paul Cézanne, 프랑스, 1839~1906)
  - 커다란 소나무와 생트 빅투아르 산(Montaghne Sainte-Victorie with Large Pine, 1885~1887, 유화, 66.8×92.3cm, 런던 코톨드 갤러리)
- 🍎 **매체:** 작품 컬러 복사본, 켄트지(4~8절), 오일파스텔, 파스텔, 물감, 팔레트, 물통, 큰 붓, 스펀지, 명상 음악

🍎 미술치료 과정

(1안) 명화 감상

- 작품 감상과 내용 말하기
- 나눔
  - 작품에서 받은 인상, 느낌, 생각 등 이야기

(2안) 감상 재구성 미술 활동

- 명화 감상
- 미술 활동(선택)
  - 실제 고향이나 마음의 고향, 기억에 남는 편안한 집 그리기
  - 작품 따라 그리기
  - 자신의 고향 그리기나 콜라주
  - 자신에게 인상적인 마을 혹은 상상의 마을 그리기

- 나눔

  -그림을 그리고 난 후 어떤 감정이나 생각이 드는가?

  -자신이 표현한 마을은 어떠한가?

  -그림과 흡사한 곳을 간 적이 있는가? 갔다면 어떤 기분, 감정으로 기억하
    는가?

  -그린 내용의 풍경이 가고 싶은 곳이라면 그곳은 어디이며, 계절, 기후 등
    은 어떠할 것 같은가?

  -이 마을에 살았던 시기? 떠오르는 기억들은? 정서는?

  -이 마을, 환경, 풍경, 사람들이 나의 삶에 어떤 영향을 끼친다고 생각하
    는가?

🍎 주제 관련 작품 소개

- 샤갈(Marc Chagall): 나와 마을
- 르누아르(Auguste Renoir): Seine의 뱃놀이
- 장욱진: 아침

🍎 **주제:** 나의 공간, 자아 정체성 형성, 안정감

🍎 **목표:** 심리적 안정, 자아 정체성 발달, 잠재자원 활성화

🍎 **화가와 작품**

고흐의 침실

• 고흐(Vincent van Gogh, 네덜란드, 1853~1890)

　−고흐의 침실(1889, 유화, 57.5×74cm, 파리 오르세 미술관)

🍎 **매체:** 작품 컬러 복사본과 흑백 복사본, 캔버스 액자(20×30~15×20cm 중 선택), 아크릴물감, 아크릴붓, 크레파스, 채색도구, 물통, 팔레트

🍎 미술치료 과정

(1안) 명화 감상

- 작품 감상과 내용 말하기
- 나눔
  - 작품에 받은 인상, 느낌, 생각 등 이야기

(2안) 감상 재구성 미술 활동

- 명화 감상
- 미술 활동(선택)
  - 원 작품 따라 그리기
  - 흑백 복사한 작품을 보고 자신의 방으로 생각하여 자신이 원하는 색 칠하기
  - 자신의 현재 침실 혹은 원하는 방을 구상하여 그리기
- 나눔
  - 고흐 침실을 따라 그리면서 어떤 감정, 생각이 들었는가?
  - 자신의 색이나 자신이 원하는 침실을 그리면서 어떤 감정, 생각이 들었는가?
  - 이 방은 자신의 어떤 상황을 보여 주는가?
  - 자신의 공간이 필요한 이유는 무엇인가? 이 공간이 본인 삶의 자원이 될 수 있는 것은 어떤 것인가?

🍎 주제 관련 작품 소개

- 마티스(Henri Matisse): 붉은 실내

● **주제:** 행복, 삶의 즐거움, 공감, 위로

● **목표:** 행복, 행복한 기억, 심리적 균형, 여유, 잠재자원 활성화, 공감과 위로

● **화가와 작품**

행복한 날들

- 포타스트(Edward Henry Potthast, 미국, 1857~1927)
  - 행복한 날들(Happy Days, 1910~1920, 유화, 1,158×906cm, 로아노크 타우먼
    미술관)
● **매체:** 작품 컬러 복사본, 인조점토(빨, 노, 파, 녹, 분, 하양, 검정), 색모래, 우
  드락판(8절, 4절), 파스텔, 나무판, 아크릴판, 아크릴물감, 아크릴붓, 팔레
  트, 물통, 켄트지(다양한 색과 크기), 오일파스텔, 네임펜, 칼, 가위, 풀, 장식
  재료 등

🍎 미술치료 과정

(1안) 명화 감상

- 그림 감상과 그림 내용 말하기
- 나눔
    - 작품에서 받은 인상, 느낌, 생각 등 이야기

(2안) 감상 재구성 미술 활동

- 명화 감상
- 미술 활동(선택)
    - 작품을 따라 그린 후, 자신이 원하는 색으로 재구성
    - 작품 인물 중에서 일부를 점토로 만들어 우드락에 배치
    - 행복했던 시간을 떠올려 그리기나 점토로 형상화하여 우드락에 배치
    - 자신의 행복한 날에 대한 콜라주 작업
    - 행복한 날의 기억을 다른 풍경으로 그리거나 만들기
- 나눔
    - 이 작업을 하면서 어떤 감정들이 들었는가?
    - 자신의 색과 화가의 색은 어떤 것이 바뀌었는가? 내용이나 색을 바꾼 이유가 있다면?
    - 자신의 그림에는 어떤 느낌, 어떤 기억의 순간이 있는가?
    - 행복한 날은 자신의 현재 삶에 어떤 영향을 미칠 수 있는가?

🍎 주제 관련 작품 소개

- 브뤼헐(Pieter Bruegel de Oude): 아이들의 놀이
- 브뤼헐 작품 중에 마음에 드는 부분만 따라 그리기 혹은 만들기

9 꿈

🍎 **주제:** 판타지, 잠재자원

🍎 **목표:** 자아 강화, 잠재자원 활성, 판타지와 창의성 촉진

🍎 **화가와 작품**

적도의 정글	해 질 무렵의 열대림

- 루소(Henri Rousseau, 프랑스, 1844~1910)
  - 적도의 정글(The Equatorial jungle, 1909, 유화, 129.5×140.3cm, 워싱턴 국립 미술관)
  - 해 질 무렵의 열대림(Negre attaque par un jaguar, 1907, 유화, 114×162.5cm, 바젤 미술관)

🍎 **매체:** 작품 컬러 복사본, 켄트지(4~8절), 채색도구, 칼, 가위, 풀, OHP필름, 유성사인펜

🍎 미술치료 과정

(1안) 명화 감상

- 감상과 내용 말하기
- 나눔
  - 작품에서 받은 인상, 느낌, 생각 등 이야기

(2안) 감상 재구성 미술 활동 (선택)

- 명화 감상
- 미술 활동(선택)
  - 한 작품 선택하여 따라 그리기(OHP 이용 가능)
  - 내용 오려서 재구성하기
  - 원작품에 더 넣고 싶은 인물, 동물과 식물을 그려 재구성
- 나눔
  - 자신이 이 꿈을 꾸었다면 어떻게 받아들일까?
  - 이 꿈은 자기 삶의 어떤 상황과 연결될 것 같은가?
  - 작품의 동물, 인물은 어떤 성격, 감정일까?
  - 이 작품의 식물, 동물이나 인물을 다른 식물, 동물이나 인물로 바꾸고 싶다면, 어떤 것인가?
  - 왜 그렇게 바꾸고 싶은가?

🍎 주제 관련 작품 소개

- 루소(Henri Rousseau): 열대림 주제 시리즈
- 모리스 드니(Maurice Denis): 파라다이스

10 우표

● **주제:** 소통, 관계 인식

● **목표:** 인간관계 성찰, 정서적 연대감 인식, 소통력 함양, 갈등 회복

● **화가와 작품**

훈데르트바서(Friedensreich Hundertwasser, 오스트리아, 1928~2020)

훈데르트바서 우표 시리즈(지적 재산권으로 싣지 못함)

> *** 훈데르트바서 글: 〈우표의 생애〉**
>
> 우표는 자신의 운명을 겪어야 한다. ……
>
> 진짜 우표는 끈끈이를 적시는 발신인의 혀를 느껴야 한다. ……
>
> 우표는 우체통 안의 어둠을 겪어야 한다.
>
> 우표는 우체국 고무도장을 견뎌야 한다.
>
> 우표는 수신인에게 편지를 전달하는 우체부의 손길을 느껴야 한다.
>
> 편지로 보내지지 않은 우표는 우표가 아니다.
>
> 그런 우표는 한 번도 진정으로 살지 못했다. ……
>
> 이 귀한 예술품은 멀리서 온 선물로 모든 사람에게 도착한다.
>
> 우표는 문화, 아름다움, 창조적 인간 정신의 증명서가 되어야 한다.
>
> 훈데르트바서의 우표 시리즈(Hundertwasser, 1990. 2. 14.)

🍎 **매체:** 작품 복사본, 켄트지(다양한 색과 크기), 색연필, 오일파스텔, 사인펜, 네임펜, 마커, 물감, 칼, 가위, 풀, 장식재료 등

🍎 **미술치료 과정**

(1안) 명화 감상

• 감상

　－화가가 그린 다양한 우표 감상

　－미술치료사가 훈데르트바서의 〈우표의 생애〉 낭송

• 나눔

　－자신에게 우표와 관련된 기억 떠올리며 이야기 나누기

(2안) 감상 재구성 미술 활동

• 미술 활동(1, 2 연속 활동 혹은 선택)

❶ 〈내가 받은 편지와 우표〉

　－훈데르트바서 우표 시리즈 중에 한 개 고르기

　－내용에 대한 상상; 발신인, 편지 내용

　－봉투 만들어 선택한 우표 붙이기

　－수신인: 본인, 발신인: 본인이 받고 싶은 발신인 이름 쓰기

　－편지지를 만들거나 종이를 선택해 발신인에게 받은 글 내용 쓰기

• 나눔

　－우표가 어디서 온 것인지 보며 본인이 받은 편지 읽기

　－피드백 나누기

❷ 〈내가 나에게 보낸 편지와 우표〉

　－우표 감상

−훈데르트바서 우표 중에 고르기

−봉투 만들어 선택한 우표 붙이기

−수신인 발신인 쓰기: 수신인은 본인, 발신인은 본인(과거의 나, 현재의 나,

미래의 나 가운데 선택)

−편지지를 만들어 발신인에게 받은 편지 내용 쓰기: 나의 장점, 특성 칭

찬, 나를 기억하는 편지, 사랑하는 Jenny!, 보고 싶은 너에게! 등

• 나눔

−작품 완성 후 감상하고 자신이 선택한 우표에 대한 인상, 느낌, 선택한

이유 이야기 나누기

−편지 내용을 원하는 만큼 낭송하기

−미술 활동을 하면서 느낀 감정, 기억, 생각 등에 대해 이야기 나누기

🍎 **주제 관련 작품 소개**

• 훈데르트바서(Friedensreich Hundertwasser): 우표 시리즈

11 편지

🍎 **주제:** 소통, 관계

🍎 **목표:** 관계 의식화 및 성찰, 정서적 연대감 인식, 관계의 갈등 의식과 회복

🍎 **화가와 작품**

편지 읽는 여인

창가에서 편지를 읽는 소녀

- 페르메이르(Johannes Vermeer, 네덜란드, 1632~1675)

  −편지 읽는 여인(Woman Reading a Letter, 1663~1664, 유화, 46.6×39.1cm, 암스테르담 국립미술관)

  −창가에서 편지를 읽는 소녀(Girl reading a letter at an open window,

1657~1659, 유화, 83×64.5cm, 드레스덴 미술관)

🍎 **매체:** 〈편지 읽는 여인〉 작품 복사본, 켄트지(다양한 색과 크기), 색연필, 오일파스텔, 사인펜, 네임펜, 마커, 물감, 붓, 팔레트, 물통, 칼, 가위, 풀, 장식 재료 등

🍎 **미술치료 과정**

(1안) 명화 감상

• 작품 감상과 내용 말하기

• 나눔

　－이 여성은 어떤 상황에서 이 편지를 읽게 되는가?

　－편지를 보낸 사람은 이 여성과 어떤 관계일까?

　－편지에는 어떤 내용이 있을까?

　－편지를 읽은 이 여성은 어떤 감정일까?

　－자신이 받은 편지 중에 기억에 가장 남는 편지는 어떤 것인가?

　－자신이 편지를 보내고 싶은 사람은 누구인가? 어떤 이유가 있는가? 어떤 내용으로 보내고 싶은가?: 실제 편지 쓰기 시도

(2안) 감상 재구성 미술 활동

• 명화 감상

• 미술 활동(선택)

　－작품을 감상하고 편지의 내용을 상상하여 자신만의 그림 그리기

　－편지를 쓴 사람과 이 여성이 함께 있는 모습 상상하여 그리기

　－그림을 완성한 후 자신의 그림을 함께 두고 감상

　－자신이 그린 그림에 관한 이야기 나누기

• 나눔

  −(1안)의 나눔 사항과 동일

🍎 주제 관련 작품 소개

* 코스타(Lorenzo Costa): 성경을 읽고 있는 마리아

* 일스테드(Peter Vilhelm Ilsted): 편지를 읽는 소녀

🍎 **주제:** 기대, 소통, 관계

🍎 **목표:** 관계 인식, 상호소통 능력 강화, 긍정 정서 함양

🍎 **화가와 작품**

창가의 두 여인

- 무리요(Bartolemé Esteban Murillo, 1617~1682, 스페인)
  - 창가의 두 여인(Two Women at the Window, 1670, 유화, 106×127cm, 워싱턴 국립미술관)

● **매체:** 작품 컬러 복사본, 4~8절 켄트지, 아크릴물감, 수채물감, 붓, 팔레트, 물통, 색연필, 오일파스텔, 투사지, 잡지, 풀, 가위 등

● **미술치료 과정**

(1안) 명화 감상

• 감상과 내용 말하기

• 나눔

　－그림 감상에서 받는 느낌, 기분, 생각 등 이야기 나누기

　－그림의 여성들은 누구를 기다리고 있는지, 어떤 장면을 보고 있는지 상상하여 이야기 나누기

　－두 사람 대신 자신과 다른 사람을 넣거나 그런 상황 만들어 이야기 나누기

(2안) 감상 재구성 미술 활동

• 명화 감상

• 미술 활동(선택)

　－작품 따라 그리기

　－이 장면 이후의 상황 그리기

　－두 사람 대신 자신이 넣고 싶은 인물을 그리거나 콜라주로 재구성하기

　－기다리는 사람이나 보고 싶은 사람 그리기

• 나눔

　－두 사람은 어떤 관계일 것 같은가?

　－이 장면은 어떤 상황일까?

　－두 사람은 무엇을 보고 있는가? 무엇을 기대하며 기다리고 있는가?

　－자신이 이런 상황이라면 무엇을 보거나 기다리는가?

−미술 활동을 하면서 혹은 완성 후 어떤 기분, 느낌, 생각이 드는가?

🍎 주제 관련 작품 소개

- 콜비츠(Kollwitz): 기다림
- 클림트(Klimt): 기다림

13 휴식

● **주제:** 휴식, 여유, 이완

● **목표:** 휴식, 심리적 이완과 균형, 안정감, 자아 성찰, 심리적 에너지 활성화, 잠재자원 인식과 강화

● **화가와 작품**

아스니에르에서의 물놀이

- 쇠라(Georges Pierre Seurat, 프랑스, 1859~1891)
  - 아스니에르에서의 물놀이(Bathers at Asnières, 1884, 유화, 201×300cm, 런던 국립미술관)

● **매체:** 작품 컬러 복사본과 흑백 복사본, 투사지, 색연필, 오일파스텔, 사인펜, 네임펜, 유성펜, 칼, 가위, 풀, 장식재료 등

● **미술 적용**

(1안) 명화 감상

- 감상과 내용 말하기

명화 감상 미술치료

II. 실제편

13 휴식　　**159**

- 나눔
  - 그림 중에 자신과 동일시하고 싶은 사람에 대해 이야기 나눔
  - 누구와 함께 왔는지? 혼자 왔는지? 어떤 기억들이 떠오르는지?

(2안) 감상 재구성 미술 활동

- 명화 감상
- 미술 활동(선택)
  - 작품 내용의 윤곽을 그대로 따라 그리기(투사지 이용이나 보고 그리기)
  - 윤곽 그린 후 원 작품과 같은 색을 칠하거나 자신이 원하는 색으로 바꾸어 그리거나 더 그리고 싶은 부분 보충하기
  - 작품 중에 마음에 드는 부분만 선택하여 그리기
  - 야외, 자연에서 자신만의 휴식 장소와 그곳에 있는 자신 혹은 자신과 함께 있는 사람 그리기
- 나눔
  - 자신의 작품 이야기, 집단일 경우 피드백 나누기
  - 그림을 그리면서 떠올랐던, 혹은 감상하면서 떠오르는 느낌이나 생각 나누기
  - 작품에서 떠오르는 기억과 그와 연관된 사람, 환경, 동물, 계절, 냄새, 소리 등이 있는가?
  - 재구성 작품은 본인에게 어떤 힘을 주는가?

● 주제 관련 작품 소개

* 쇠라(Georges Pierre Seurat): 그라장트섬의 일요일 오후

14 신발

🍎 **주제:** 일상, 휴식, 자기중심 탐색

🍎 **목표:** 일상과 휴식 이해, 이완, 자아 강화

🍎 **화가와 작품**

신발

- 고흐(Vincent van Gogh, 네덜란드, 1853~1890)

  −신발(A Pair of Schoes, 1886, 유화, 45×37.5 cm, 암스테르담 반 고흐 미술관)

🍎 **매체:** 작품 컬러 복사본(A4), 켄트지(8, 4절), 캔버스, 아크릴물감과 붓, 크
  레파스, 수채물감, 팔레트, 물통, 붓, 오일파스텔, 점토, 스펀지, 물

🍎 **미술치료 과정**

(1안) 명화 감상

- 작품 감상과 내용 말하기

• 나눔

　-작품 감상을 하면서 받은 인상이나 느낌, 생각 등은 어떠한가?

　-작품의 신발 주인은 어떤 삶을 살았을까?

　-신발 주인의 휴식은 어떠했을까?

　-작품은 감상자 본인에게 어떤 메시지를 주는가?

(2안) 감상 재구성 미술 활동

• 명화 감상

• 미술 활동(선택)

　-작품 따라 그리기

　-자신 혹은 가족의 신발 중에 가장 기억나는 신발 그리기 혹은 만들기

• 나눔

　-작품 감상을 하면서 받은 인상이나 느낌, 생각 등은 어떠한가?

　-작품의 신발 주인은 어떤 삶을 살았을까?

　-신발 주인의 휴식은 어떠했을까?

　-작품은 감상자 본인에게 어떤 메시지를 주는가?

　-자신의 작품(본인 혹은 가족 신)을 하는 과정은 어떠했는가?

　-자신의 작품을 감상하면서 떠오른 기억, 느낌, 생각 등은 어떠한가?

　-자신의 작품에 있는 신은 주인의 삶을 보여 주는가? 어떤 삶인가?

🍎 주제 관련 작품 소개

• 고흐(Vincent van Gogh): 세 켤레의 신발

주제: 휴식, 이완, 잠재자원 발견, 자아 강화

목표: 휴식, 이완, 자아 강화

화가와 작품

고흐의 의자

- 고흐(Vincent van Gogh, 네덜란드, 1853~1890)

  −고흐의 의자(Van Gogh's Chair, 1888~1889, 92×73cm, 런던 국립미술관)

매체: 작품 컬러 복사본(A4), 켄트지(4~8절), 색연필, 크레파스, 물감과 물
감도구, 유성펜, 잡지, 가위, 풀

🍎 미술치료 과정

(1안) 명화 감상

- 감상과 내용 말하기
- 나눔
  - 작품을 감상하면서 받은 인상, 느낌, 생각은 어떠한가?
  - 작품 속의 의자에 앉는 사람을 상상해보기
  - 의자에 대한 기억 떠올리기, 내가 앉았던 의자에 대한 기억과 그 시기의 삶이나 정서 떠올리기
  - 자신이 의자의 주인이라면 어느 의자에 즐겨 앉고 싶은가?

(2안) 감상 재구성 미술 활동

- 명화 감상
- 미술 활동(선택)
  - 자신의 의자 그리기
  - 고흐의 의자에 초대하고 싶은 사람 생각하며 의자 그리기
- 나눔
  - 자신의 의자는 자신과 어떤 관계가 있는가?
  - 의자와 관련된 기억, 에피소드 등에 대해 이야기
  - 의자에 초대하고 싶은 사람은 누구며, 어떤 이유로 이런 의자를 그렸는가?

🍎 주제 관련 작품 소개

- 고갱(Eugène Henri Paul Gauguin): 루 카셀의 실내
- 호들러(Ferdinand Hodler): 에마의 초상
- 고흐(Vincent van Gogh): 고갱의 의자

🍎 **주제:** 수호천사, 위로자, 보호, 안전

🍎 **목표:** 보호와 안전감, 위기 개입, 희망

🍎 **화가와 작품**

시스틴 마돈나

수호천사

• 라파엘로(Raffaello Sanzio, 이탈리아, 1483~1520)

　－시스틴 마돈나(Modonna di San Sisto, 1512, 유화, 265×196cm, 드레스덴 알테

　　마이스터 회화관)

• 플록호스트(Bernhard Plockhorst, 1825~1907, 독일)

－수호천사(Guardian Angel, 1886, 유화, 크기미상, 암스테르담 국립미술관)

● **매체:** 작품 컬러 복사본, 켄트지(4~8절), 파스텔, 오일파스텔, 천사점토, 솜, 풀, 가위, 한지(하양, 분홍)

● **미술치료 과정**

(1안) 명화 감상

- 그림 감상과 내용 말하기
- 나눔

　　－자신에게 수호천사가 있다는 상상을 하고 상황 이야기하기

　　－그림 중에 자신을 수호하고 안전하게 지켜줄 천사에 대해 이야기 나누기

(2안) 감상 재구성 미술 활동

- 명화 감상
- 미술 활동(선택)

　　－선택한 그림 중에 천사를 따라 그리거나 변형하여 그리거나 만들기

　　－자신만의 수호천사 그리기나 만들기

- 나눔

　　－작품 감상을 하며 피드백 나누기

　　－자신에게 수호천사의 역할을 한 대상을 떠올리며 이야기 나누기

● **주제 관련 작품 소개**

- 샤갈(Marc Chagall): 밤, 색채와 음악
- 보티첼리(Sandro Botticelli): 수태고지

17 가족

● **주제:** 가족

● **목표:** 가족 관계 탐색과 이해, 정체성 의식화, 소통력 함양

● **화가와 작품**

과수원의 가족과 아이들

행복한 가족

- 이중섭(한국, 1916~1956)

  −과수원의 가족과 아이들(20.3×32.8, 잉크에 유채, 1950년대, 개인 소장)

- 잠피기(Eugenio Zampighi, 이탈리아, 1859~1944)

  −행복한 가족(A Happy Family, 1944, 유화, 72×105cm, 빈 도로테움)

● **매체:** 작품 컬러 복사본과 흑백 복사본, 켄트지(4~8절), 네임펜, 유성펜, 오일파스텔, 투사지

● **미술치료 과정**

(1안) 명화 감상

- 작품 감상과 내용 말하기

- 나눔

  −작품 감상에서 받은 인상, 기억, 느낌, 생각 나누기

(2안) 감상 후 재구성 미술 활동

- 명화 감상
- 미술 활동(선택)

  −한 작품을 선택하여 따라 그리기 혹은 투사지 이용하여 그리기

  −자신의 가족사진이나 가족 중 선택한 가족원과 자신이 있는 모습 그리기
- 나눔

  −그림을 그리면서 든 생각, 기억, 느낌은 어떠했는가?

  −작품 이야기 나누면서 새로운 느낌, 생각, 기억이 들었다면, 어떤 것인가?

  −자신에게 힘을 주거나 어려움이 되었던 가족 관계는? 어떤 상황에 힘을

  얻거나 어려움을 느끼는가?

  −자신이 생각하는 행복한 가족이란?

🍎 주제 관련 작품 소개

- 헤엠(Jan Davidsz. de Heem): 가족화
- 헤링(Keith Haring): 무제, 아기를 등에 업은 사람
- 장욱진: 가족

18 사랑

🍎 **주제:** 사랑, 삶의 즐거움

🍎 **목표:** 삶의 에너지 활성화, 긍정적 감정표현, 사랑 및 정서적 관계 확인

🍎 **화가와 작품**

들판의 연인

세레나데

• 화가 미상(15c, 파리 국립도서관)

　-들판의 연인

• 잠피기(Eugenio Zampighi, 이탈리아, 1859~1944)

　-세레나데(The Serenade, 제작 연도미상, 45×57cm, 소장처 불분명)

🍎 **매체:** 켄트지(4~8절), 색연필, 사인펜, 오일파스텔, 물감, 칼, 가위, 풀, 장식재료, 잡지

🍎 미술치료 과정

(1안) 명화 감상

• 그림 감상과 내용 말하기

• 나눔

  −마음에 드는 작품 선택 혹은 작품 전체를 보며 차례로 상황 묘사, 감정,
    생각 나누기

(2안) 감상 재구성 미술 활동

• 명화 감상

• 미술 활동(선택)

  −한 작품을 선택하여 따라 그리기나 자신의 감정과 색채를 선택하여 주제
    에 맞게 그리기

  −한 작품이나 두 작품의 내용을 오려서 콜라주로 재구성하여 표현하기

• 나눔

  −원작품을 보면서 어떤 인상을 받았는가?

  −원작품과 비교하여 재구성 작품에는 어떤 변화가 있었는가?

  −자신의 작품에 대한 감상은 어떠한가?

🍎 주제 관련 작품 소개

• 샤갈(Marc Chagall): 결혼

19 행복

🍎 **주제:** 행복, 즐거움

🍎 **목표:** 긍정적 사고 촉진, 행복감 경험, 심리적 이완, 긍정 에너지 표출

🍎 **화가와 작품**

어머니와 아이

피아노 앞의 두 소녀

음악

- 콜비츠(Käthe Kolwitz, 독일, 1867~1945)

  −어머니와 아이(Mutter mit Kind, 1916, 석판화, 33×19cm, 쾰른 케테 콜비츠 미술관)

- 르누아르(Auguste Renoir, 프랑스, 1841~1919)

  −피아노 앞의 두 소녀(Two Young Girls at the Piano, 1892, 111.8×86.4cm, 파리 오르세 미술관)

- 마티스(Henri Matisse, 프랑스, 1869~1954)

  −음악(Music, 1939, 115×115cm, 뉴욕 올브라이트녹스 미술관)

🍎 **매체:** 작품 컬러 복사본, 켄트지(4~8절), 색연필, 오일파스텔, 잡지, 사인펜, 유성펜, 칼, 가위, 풀

🍎 **미술치료 과정**

(1안) 명화 감상

- 그림 감상과 내용 말하기
- 나눔

  −그림에서 받은 인상, 느낌, 생각 나누기

  −삶의 순간을 즐겼던 때, 행복했던 때는 언제, 어느 상황인가?

(2안) 감상 재구성 미술 활동

- 명화 감상
- 미술 활동(선택)

  −선택한 작품 보고 따라 그리기

  −세 작품에서 원하는 부분 오려서 행복을 주제로 한 콜라주 구성하기

  −자신이 행복했던 시간, 상황 그리기 혹은 콜라주

- 나눔

  −그림 혹은 콜라주를 한 후 기분, 감정은 어떤가?

  −그림 중에 선택하여 재구성한 의도에 대한 이야기 나누기

  −자신의 행복한 주제 작업에 대해 이야기 나누기

🍎 주제 관련 작품 소개

- 모네(Oscar-Claude Monet): 화가의 정원에 있는 카미유와 아이

- 이중섭: 해와 아이들

- 샤갈(Marc Chagall): 에펠탑의 신랑신부, 서커스

🍎 **주제:** 병, 간호, 희망, 위로

🍎 **목표:** 공감, 희망, 위로, 의사소통

🍎 **화가와 작품**

병든 아이

• 뭉크(Edvard Munch, 노르웨이, 1863~1944)

  −병든 아이(The Sick Child, 1906~1907, 유화, 112×114,5cm, 런던 테이트 미술관)

🍎 **매체:** 그림 컬러 복사본, 켄트지(16~8절), 색연필, 파스텔, 오일파스텔, 파스넷, 물감, 붓, 팔레트, 물통, 가위, 풀, 장식재료, 천 등

🍎 **미술치료 과정**

(1안) 명화 감상

• 그림 감상과 내용 말하기

- 나눔
  - 그림에 대한 인상, 느낌 등의 감상을 이야기 나누기
  - 자신이 어릴 적 병들었을 때나 간호 받던 기억을 떠올리기
  - 위의 기억이 없다면 누군가를 간호하던 기억을 떠올리기
  - 기억과 함께 떠오르는 감정은 어떤가?
  - 자신이 어릴 적이나 지금 이렇게 아파 누워 있다면 누구의 간호를 받고 싶은가?

(2안) 감상 재구성 미술 활동

- 명화 감상
- 미술 활동(선택)
  - 아이가 되거나 아이를 간호하는 사람 되어 원작품을 변형하여 그리기나 콜라주
  - 원작품 속 아이의 회복을 위한 공간 새롭게 꾸미기
- 나눔
  - 감상 후 재구성 활동에서 그림을 어떻게 변형했는가?
  - 원 작품과 무엇이, 어떻게 달라졌는가?
  - 그렇게 변화를 준 이유는 무엇인가?
  - 그림을 완성한 후에 느낌은 어떠한가?

🍎 주제 관련 작품 소개

- 뭉크(Edvard Munch): 열병
- 크로그(Christian Krohg): 병든 소녀

21 사별, 애도 1

🍎 **주제:** 임종, 사별, 상실, 애도

🍎 **목표:** 사별과 애도 감정표현, 사별 수용, 심리적 고통 완화, 공감, 위로, 희망

🍎 **화가와 작품**

어머니와 죽은 아들

• 콜비츠(Käthe Kollwitz, 독일, 1867~1945)

  ─어머니와 죽은 아들(Mutter und toter Sohn, 1923, 검정 분필, 〈이별과 죽음〉

  시리즈 중에서, 베를린 미술관)

🍎 **매체:** 작품 복사본(A4 크기), 검정 포함 색분필, 색연필, 켄트지(8절), 투사

지, 지우개

🍎 미술치료 과정

(1안) 명화 감상

- 그림 감상과 내용 말하기
- 나눔
  - 그림을 감상하면서 어떤 느낌이 들었는가?
  - 그림 감상으로 떠오른 기억이나 드는 생각은 어떤 것인가?
  - 본인이 이 화가라면 그림을 조금 바꾸거나 보완하고 싶은 것이 있는가?

(2안) 감상 재구성 활동

- 명화 감상
  - 미술치료사의 그림 소개나 내담자의 질문 없이 감상
- 미술 활동(선택)
  - 투사지를 원작품 위에 놓고 검정 색연필이나 검정 분필로 따라 그리기
  - 투사지 없이 따라 그리기
  - 내담자가 원하면 검정 아닌 다른 색으로 색칠 가능
  - 작업 후에 그림 놓을 공간 그리기 혹은 만들기

(3안) 개인이 겪은 사별, 애도 그리기

  - 상황에 따라서는 그림 감상만 하고 바로 (3안) 시작 가능
  - 죽음과 관련하여 자신이 겪은 사별 혹은 애도 주제 그림 그리기
  - 작업 후에 그림 놓을 공간 그리기 혹은 만들기
- 나눔
  - 이 그림을 감상하면서 어떤 느낌이 들었는가?
  - 따라 그리기, 사별과 애도 그리기, 공간 구성을 하면서 어떤 감정, 기억이

떠올랐나?

−이 주제로 어떤 대상을 떠올렸는가?

−대상은 나와 어떤 관계인가?

−대상에 대해 이야기하고 싶은 것, 감정, 애도를 그림에 어떻게 표현했는가?

🍎 주제 관련 작품 소개

• 콜비츠(Käthe Kollwitz): 죽은 아이를 안고 있는 여인, 이별

22 사별, 애도 2

● **주제:** 임종, 사별, 상실, 애도

● **목표:** 상실과 애도 감정표현, 심리적 고통 완화, 사별 수용, 위로, 공감

● **화가와 작품**

병실에서의 죽음

- 뭉크(Edvard Munch, 노르웨이, 1863~1944)
  - 병실에서의 죽음(Der Tod in der Krankenstube, 1893~1894, 유화, 150×
    167.5cm, 오슬로 국립미술관)

● **매체:** 작품 컬러 복사본, 켄트지(8절), 오일파스텔, 색연필, 파스텔, 지우개

🍎 미술치료 과정

(1안) 명화 감상

- 그림 감상과 내용 말하기
  - 병실 분위기 묘사하기
- 나눔
  - 누가 임종을 했을 것 같은가?
  - 병실에 있는 사람들은 임종한 사람과 어떤 관계가 있을까?
  - 그림의 한 인물을 감상자 자신과 동일시하여 대입하기:

    고인은 나와 어떤 관계인가?

    고인의 성별은? 나이는? 병으로 예견된 사망인가? 갑작스러운 사망인가?

    고인은 어떤 삶을 살았는가?

    고인을 생각하면, 어떤 기억들이 떠오르는가?

    지금 마음은 어떤가? 어떤 감정, 생각이 떠오르는가?

    고인을 위해 떠오르는 말이나, 기도가 있다면?

(2안) 감상 재구성 활동

- 명화 감상
- 미술 활동(선택)
  - 고인의 행복했던 모습이나 좋아한 풍경, 동물 혹은 애장품 그리기나 콜라주 작업
  - 고인이 있을 편안한 곳 그리기
  - 고인과 자신만이 있는 공간 그리기 혹은 콜라주 작업
  - 고인을 위한 기도가 되는 그림 그리기

−고인에게 선물하고 싶은 그림 떠올리거나 그리기/만들기

• 나눔

−그림을 묘사하고 자신의 미술 작업을 하면서 어떤 감정, 기억이 떠올랐나?

−임종 자리에 있었던 적이 있는가? 있었다면 어떤 기억을 하는가?

−사별한 대상으로 누구를 떠올렸는가?

−고인은 자신과 어떤 관계이며, 자신에게 어떤 의미가 있는 존재인가?

−고인에 대해 이야기하고 싶은 것, 감정, 애도를 그림에 어떻게 표현했는가?

🍎 주제 관련 작품 소개

• 뭉크(Edvard Munch): 임종의 자리에서

● **주제:** 희망, 기대, 순환과 통합

● **목표:** 희망, 기대감, 순환과 통합, 심리적 균형, 잠재자원 활성, 자아 강화

● **화가와 작품**

봄

• 보티첼리(Sandro Botticelli, 이탈리아, 1445~1510)

  ─봄(Primavera, 1478, 템페라, 203×314cm, 피렌체 우피치 미술관)

● **매체:** 켄트지(4~8절), 색연필, 오일파스텔, 물감, 사인펜, 네임펜, 칼, 가위, 풀, 붓, 팔레트, 물통

● **미술치료 과정**

(1안) 명화 감상

• 명화 감상과 내용 말하기

- 나눔

  - 이 그림에서 받은 느낌, 인상은?

  - 이 그림에서 가장 인상적인 인물이나 어떤 부분이 있다면, 무엇인가?

  - 그림을 감상하면서 그림의 내용에 대해 자신만의 상상으로 이야기 만들어 발표하기

(2안) 감상 재구성 미술 활동

- 명화 감상

- 미술 활동(선택)

  - 그림 중에 마음에 드는 일부분 선택하여 확장하여 그리기

  - 그림 중에 마음에 드는 부분 오려서 자신의 희망 주제 그림과 함께 구성하기

  - 그림 중에 자연의 일부분을 오려, 콜라주로 희망의 우표 혹은 카드 만들기

- 나눔

  - 그림은 자신에게 어떤 느낌, 인상을 주었는가?

  - 그림을 재구성하면서 선택한 부분을 희망 주제와 어떻게 연결했는가?

  - 그림의 일부분을 선택한 이유는?

  - 작품에 자신이 있다면, 누구 혹은 자연의 어떤 부분인가?

  - 자기 작품은 원작품에서 어떻게 변했는가?

🍎 주제 관련 작품 소개

- 마티스(Henri Matisse): 색종이 시리즈

- 렘브란트(Rembrandt Van Rijn): 창문턱에 기댄 소녀

명화 감상 미술치료

Ⅱ. 실제편

24 희망 2

🍎 **주제:** 자아 성찰, 심리적 균형, 희망

🍎 **목표:** 심리적 자원 및 에너지 활성, 긍정적 정서, 심리적 균형

🍎 **화가와 작품**

희망 II

- 클림트(Gustav Klimt, 오스트리아, 1862~1918)
  - 희망 II(Hope II, 1907~1908, 유화, 110×110cm, 뉴욕 현대 미술관)

🍎 **매체:** 작품 복사본, 켄트지(8~4절), 투사지 혹은 OHP필름, 물감, 오일파스텔, 파스넷, 색연필, 유성펜

● 미술치료 과정

(1안) 그림 감상

- 그림 감상과 내용 말하기
- 나눔 명화 감상 후 느낀 감정이나 생각 나누기

(2안) 감상 재구성 미술 활동

- 명화 감상
- 미술 활동(선택)

  −작품 윤곽, 선 모사(보고 따라 그리기)

  −자신의 일상을 균형 있고 활기 있게 해 주는 색과 형태를 선택하여 자유

  　롭게 구성하기

  −작품 내용을 오려서 다른 종이에 재구성하기

- 감상

  −그림을 그리고 보면서 어떤 느낌과 생각이 드는가?

  −이 그림에서 어떤 에너지를 얻게 되었는가?

  −명화를 어떻게 재구성했는가?

  −재구성한 색과 형태는 자신에게 어떤 의미를 가지는가?

  −본인이 희망하는 것은 어떤 것인가?

  −희망은 어떤 색으로 떠오르는가?

● 주제 관련 작품 소개

- 미로(Joan Miro): 하루의 탄생, 새벽 별

25 회상

🍎 **주제:** 고향, 회상, 자아정체감, 자아 성찰

🍎 **목표:** 정서적 안정, 회상, 자아 성찰, 자아정체감 탐색, 자아 통합력

🍎 **화가와 작품**

무르나우   무르나우의 녹색 골목길

- 칸딘스키(Wassily Kandinsky, 러시아, 1866~1944)

  −무르나우(Murnau-Schloss und Kirche, 1909, 유화, 33.1×44.8cm, 뮌헨 렌바흐 하우스 미술관)

  −무르나우의 녹색 골목길(Murnau-Grüngasse, 1909, 유화, 33×44.6cm, 뮌헨 렌바흐 하우스 미술관)

🍎 **매체:** 작품 컬러 복사본, 켄트지(4~8절), 채색도구(수채화, 먹물, 아크릴물감, 오일파스텔, 유성펜, 네임펜 등), OHP필름, 아크릴판, 칼, 가위, 풀

● 미술치료 과정

(1안) 명화 감상

- 그림 감상 내용 말하기

- 나눔

(2안) 감상 재구성 미술 활동

- 명화 감상

- 미술 활동(선택)

  –선택한 그림 따라 그리기

  –선택한 그림 풍경의 다른 시간이나 계절 상상하여 재구성(켄트지, OHP필름, 아크릴판 이용 가능)

  –감상자의 정서, 마음 상태에 어울리는 색으로 재구성

  –선택 그림 풍경을 자기 고향으로 상상하여 자신과 관련된 동화 혹은 글쓰기(고향 풍경과 관련된 글쓰기)

- 나눔

  –감상에서 어떤 인상을 받았으며, 어떤 감정, 생각이 떠올랐는가?

  –이런 풍경이나 분위기를 만난 적이 있는가? 있다면 시간, 자신의 상황은 어땠는가?

  –그림을 자신만의 그림으로 재구성하고 난 후 어떤 감정, 생각이 떠오르는가?

● 주제 관련 작품 소개

- 샤갈(Marc Chagall): 마을의 가을풍경

- 놀데(Emil Nolde): 풍경화 시리즈

🍎 **주제:** 춤, 역동성, 리듬, 조화와 균형

🍎 **목표:** 삶의 활력, 심리적 균형, 조화(調和), 희망, 심리적 이완 및 카타르시스

🍎 **화가와 작품**

러시아 무용수   세 명의 러시아 무용수

- 드가(Edgar De Gas, 프랑스, 1834~1917)
  - 러시아 무용수(Russian Dancers, 1899, 파스텔화, 73×59.1cm, 런던 국립 미술관)
  - 세 명의 러시아 무용수(Three Russian Dancers, 1898, 유화, 63×53cm, 스톡
    홀름 국립박물관)
- 🍎 **매체:** 작품 컬러 복사본, 파스텔, 아크릴판, 아크릴물감, 켄트지(다양한 색
  과 크기), 오일파스텔, 사인펜, 네임펜, 마커 등

🍎 미술치료 과정

(1안) 명화 감상

- 감상과 내용 말하기
- 나눔
    - 그림 감상 후 느낌, 인상 등 이야기 나누기
    - 그림 속 무희의 몸짓 따라해 보기
    - 춤에 대한 개인적 기억 이야기 나누기

(2안) 감상 재구성 미술 활동

- 명화 감상
- 미술 활동(선택)
    - 복사 그림을 아크릴판 아래 두고 자신만의 색채로 아크릴물감을 사용해 그리기
    - 콜라주: 원본 그림을 오려서 재구성
    - 자신이 원하는 색종이 오려 춤추는 이미지 구성
- 나눔
    - 미술 활동과 자신의 작품을 보면서 어떤 느낀 감정, 인상, 기억, 생각이 떠오르는가?
    - 작품을 재구성하면서 느낀 감정, 생각, 기억은 어떤 것들인가?
    - 춤이 자신의 일상에 어떤 영향을 미칠 수 있는가?

🍎 주제 관련 작품 소개

* 드가(Edgar De Gas): 무희 작품들

27 춤 2

● **주제:** 춤, 리듬, 조화와 균형

● **목표:** 삶의 활력 강화, 심리적 균형, 조화(調和), 희망, 심리적 이완 및 카타르시스

● **화가와 작품**

서커스   금련화와 춤

• 마티스(Henri Matisse, 프랑스, 1869~1954)

  −서커스(The Circus, 1947, 색종이, 재즈 중에서, 스코틀랜드 국립미술관)

  −금련화와 춤(Nasturtiums with the painting "Dance", 1912, 191.8×115.3cm, 모스크바 푸슈킨 미술관)

● **매체:** 마티스 춤 시리즈(파워포인트 준비), 작품 컬러 복사본, 투사지, OHP 필름, 켄트지(다양한 색과 크기), 색연필, 오일파스텔, 사인펜, 네임펜, 마커,

물감, 아크릴물감, 칼, 가위, 풀 등

🍎 미술치료 과정

(1안) 명화 감상

- 그림 감상

  −눈을 감고 다시 그림 떠올리기

  −감상자가 움직임, 춤 몸으로 표현

- 나눔

(2안) 감상 재구성 미술 활동

- 명화 감상
- 미술 활동(선택)

  −그림 윤곽 따라 그리기와 색칠하기

  −투사지나 OHP필름에 작품을 따라 그리고 자신만의 색채 사용하여 그리기

- 나눔

  −두 그림 비교, 감상, 감상 느낌 나누기

🍎 주제 관련 작품 소개

- 마티스(Henri Matisse): 춤(The Dance, 1909~1910)

🍎 **주제:** 자아 성찰, 명상, 이완, 잠재자원, 위로

🍎 **목표:** 자아 삶의 성찰, 심리적 에너지 갱신, 긍정적 정서 함양, 잠재자원 활성화

🍎 **화가와 작품**

호수 위의 일몰   일출

- 터너(Joseph Mallord William Turner, 영국, 1775~1851)
  - 호수 위의 일몰(Sun Setting over a Lake, 1856, 91.1×122.6cm, 런던 테이트 미술관)
- 모네(Claude-Oscar Monet, 프랑스, 1840~1926)
  - 일출(Sunrise, 1872~1872, 유화, 48×63cm, 파리 마르모탕 미술관)

🍎 **매체:** 작품 컬러 복사본, 머메이드지, 켄트지, 물감, 팔레트, 물통, 큰 붓, 스펀지, 명상 음악

🍎 미술치료 과정

(1안) 명화 감상

• 그림 감상

  −감상 후 연상 활동

  −눈을 감고 명상 음악 배경으로 일출/일몰 풍경을 떠올리고 감상자가 실제 그러한 풍경 앞에 서 있는 것을 연상

  −눈 감은 채 기온, 냄새, 느낌, 소리 등을 연상

• 나눔

  −작품 감상에서 받은 인상, 기억, 느낌과 생각 나누기

(2안) 감상 재구조 미술 활동

• 명화 감상

• 미술 활동

  −(1안) 과정과 연결하여 눈을 뜨고 미술 활동 시작

  −자신에게 떠오르는 색들을 팔레트에 충분히 짜두기

  −물을 충분히 적신 붓으로 머메이드지에 아래에서 위로 천천히 물 칠하기

  −끝나면 뒷 화면 전체에도 붓으로 물 칠하기

  −선택한 작품을 따라 색칠하거나 자신이 생각하는 일출이나 일몰 그리기

• 감상과 나눔

  −자신의 작품 감상

  −일출/일몰 작업을 하면서 혹은 마치고 든 느낌, 기억, 생각들은 어떤가?

  −일출/일몰을 보면 어떤 에너지를 받게 되고, 어떤 기분이나 명상에 드는가?

  −자연의 일출과 일몰은 자신과 어떤 관계가 있는가?

−일출/일몰이 말을 한다면, 자신에게 어떤 말을 할 것 같은가?

🍎 **주제 관련 작품 소개**

- 모네(Claude-Oscar Monet): 일몰

29 호수

🍎 **주제:** 명상, 자아 성찰, 위로

🍎 **목표:** 자아 성찰, 명상, 이완, 잠재자원, 주체성, 희망, 위로

🍎 **화가와 작품**

| 제네바 호수 풍경 | 아침 햇빛의 몽블랑 산과 제네바 호수 |

• 호들러(Ferdinand Hodler, 스위스, 1853~1918)

  −제네바 호수 풍경(Landscape on Lake Geneva, 1906, 유화, 59.8×84.5cm, 뮌헨 노이에 피나코텍)

  −아침 햇빛의 몽블랑 산과 제네바 호수(Lake Geneva with Mont Blanc in the morning light, 1918, 유화, 59×119.5cm, 개인 소장)

🍎 **매체:** 파워포인트에 작품 제시, 작품 컬러 복사본, 머메이드지, 켄트지, 물감, 팔레트, 물통, 큰 붓, 스펀지, 명상 음악

🍎 **미술치료 과정**

(1안) 명화 감상

• 감상 작업

명화 감상 미술치료

II. 실제편

－작품 풍경에 대해 떠오르는 단어 말하기 혹은 쓰기

－눈을 감은 채 미술치료사의 안내에 따라 호흡 고르기와 이완

－감상 그림 떠올리기

－자신이 극복하고 싶은 생각, 감정을 생각하며 다시 그림 감상

• 나눔

(2안) 감상 재구성 미술 활동

• 명화 감상

• 미술 활동

－작품 따라 그리기 혹은 그러한 톤이나 분위기를 수채화, 파스텔화 그리기

• 나눔

－화가의 작품이나 자신의 작품을 하면서 어떤 느낌, 기억, 생각을 떠올렸는가?

－자신의 작품은 현재의 자신의 삶과 어떤 관계가 있을까? 혹은 어떤 메시지를 주는가?

－화가나 자신의 작품을 선물로 보내면 희망과 위안을 받을 사람은 누구인지?

－자신이 이곳에 간다면, 누구와 함께 가고 싶은가? 홀로 가고 싶다면, 그 이유는?

🍎 **주제 관련 작품 소개**

• 호들러(Ferdinand Hodler): 호수 풍경화

• 장욱진: 강

30 정물

● **주제:** 정서적 안정, 자아 성찰, 위로

● **목표:** 정서 안정, 자아 성찰, 위로, 심리적 균형

● **화가와 작품**

석류와 배가 있는 정물

사과와 비스킷이 있는 정물

사과 일곱 개가 있는 정물

• 세잔(Paul Cézanne, 프랑스, 1839~1906)

    −석류와 배가 있는 정물(Still Life Plate of Fruit, 1885~1890, 유화, 36×27cm,

개인 소장)

−사과와 비스킷이 있는 정물(Pommes et biscuits, 1890, 55×45cm, 유화, 파리 코냑제이 박물관)

−사과 일곱 개가 있는 정물(Still Life with Seven Apples, 1877~1878, 유화, 36×17cm, 케임브리지 필츠윌리엄 박물관)

🍎 **매체:** 작품 컬러 복사본, 켄트지(4~8절), 투사지, 채색도구, 칼, 가위, 풀

🍎 **미술치료 과정**

(1안) 명화 감상

• 그림 감상과 묘사

• 나눔

(2안) 감상 재구성 미술 활동(선택)

• 명화 감상

• 미술 활동

  −선택한 그림 윤곽 따라 그리기(투사지 이용 가능)

  −보고 따라 그리기

  −본인의 정서, 마음 상태에 어울리는 색으로 재구성

  −원하는 다른 과일을 넣어 그리기

• 나눔

  −그림에서 어떤 인상, 느낌을 받았는가?

  −그림 중에 특히 마음이 드는 부분이 있는가? 그 이유는?

  −자신은 어떤 과일은 좋아하는가? 그 과일이 그림에 등장하기까지 과일의 생애 묘사하기

—작품을 따라 그리면서 느낀 점과 그 과정은 어떠했는가?

—자신만의 색이나 다른 과일로 재구성하면서 느낀 점은 어떤 것인가?

🍎 주제 관련 작품 소개

• 세잔(Paul Cézanne): 다양한 정물화, 푸른색 화병

• 야브렌스키(Alexej von Jawlensky): 푸른 항아리와 사과

31 상상여행

● **주제:** 자아 성찰, 판타지, 꿈, 이완

● **목표:** 자아 삶의 성찰, 심리적 에너지 갱신, 긍정적 정서, 창의성 활성화

● **화가와 작품**

이국적 풍경   이국적 숲속을 걷는 여인

- 루소(Henri Rousseau, 프랑스, 1844~1910)

  −이국적 풍경(Exotic Landscape, 1910, 유화, 162×130cm, 캘리포니아 노턴 사
  이몬 미술관)

  −이국적 숲속을 걷는 여인(Walking in an Exotic Forest, 1905, 100×80.6cm,
  펜실베이니아 반즈재단 미술관)

● **매체:** 작품 컬러 복사본, 켄트지(4~8절), 하드보드지, 폼보드, 오일파스텔,
파스텔, 물감, 아크릴물감, 유성펜, 색연필, 팔레트, 물통, 붓, 스펀지, 투사

지, 마스킹테이프

🍎 미술치료 과정

(1안) 명화 감상

• 감상

• 나눔

(2안) 감상 재구성 미술 활동

• 명화 감상

• 미술 활동(선택)

 −선택한 그림을 따라 그리기

 −투사지에 작품 윤곽 그린 후 자유롭게 색칠하기

 −자신이 상상하는 여행지를 마음에 그려 보기

 −몇 개의 복사본을 선택하여 오려 붙이는 콜라주 작업

• 나눔

 −원작품의 감상은 어떠했는가?

 −자신의 작품 완성 후 어떤 기분, 감정이나 생각이 드는가?

 −상상 여행지와 흡사한 곳을 간 적이 있는지? 갔다면 어떤 기분, 감정으로 기억하는지? 가고 싶은 곳이라면 그곳은 어떤 곳이며, 계절, 기후 등은 어떠할 것 같은가?

 −이러한 곳에서의 경험은 자신의 삶에 어떤 영향을 미치는가?

🍎 주제 관련 작품 소개

• 훈데르트바서(Friedensreich Hundertwasser): 햇살 아래 느린 여행, 격자의 경건함, 작은 방울이 화병에서 자란다, 천개의 창문

🍎 **주제:** 명상, 균형, 안정, 조화와 질서

🍎 **목표:** 자기 성찰, 심리적 균형과 조화, 대립의 통일

🍎 **화가와 작품**

- 몬드리안(Piet Mondrian, 네덜란드, 1872~1944)

 ─빨강, 노랑, 파랑, 회색의 구성(Composition with Red, Yellow, Black, Blue and Grey, 1921, 유화, 48×38cm, 헤이그 미술관)

🍎 **매체:** 작품 복사본, 켄트지(다양한 크기), 색연필, 오일파스텔, 네임펜, 유성펜, 물감, 아크릴물감, OHP필름, 기름

● 미술치료 과정

(1안) 명화 감상

- 감상

- 나눔

(2안) 감상 재구성 미술 활동

- 명화 감상

- 미술 활동(선택)

  −작품 따라 그리기

  −검정 선만 그대로 따르고 면은 자신이 좋아하는 색으로 재구성하기

  −OHP필름에 자신만의 사각형 변주 그리고 색칠하기

  −작품을 따라 그리거나 변형하여 완성한 후에 뒤에 오일 발라 모빌 만

  들기

- 나눔

  −작품 감상과 자신의 작업을 하면서 어떤 느낌이나 인상을 받았는가?

  −사각형은 자신에게 어떤 영향을 끼치는가?

  −자신이 선택한 색들은 어떤 정서를 전하는가?

  −작업을 하면서 다른 기하형태를 표현하고 싶었다면 어떤 형태인가?

● 주제 관련 작품 소개

- 몬드리안(Piet Mondrian): 다양한 구성 시리즈

33 소망, 나의 길

● **주제:** 성장, 소망, 자기 신뢰, 자아 수용, 위로

● **목표:** 정체성 발달, 자아 강화, 희망, 위로, 자아 성찰

● **화가와 작품**

해변의 수도사

무지개 뜬 산 풍경

- 프리드리히(Caspar David Friedrich, 독일, 1774~1840)
  - 해변의 수도사(Der Mönch am Meer, 1809~1810, 유화, 110×171.5cm, 베를린 국립미술관)
  - 무지개 뜬 산 풍경(Gebirgslandschaft mit Regenbogen, 1809~1810, 유화, 70×102cm, 에센 폴크방 미술관)

● **매체:** 작품 컬러 복사본, 켄트지와 머메이드지(4~8절), 파스텔, 오일파스텔, 색연필, 물감, 붓, 팔레트, 물통, 스펀지

🍎 미술치료 과정

(1안) 명화 감상(선택)

- 작품 감상과 내용 말하기
- 자기 투사 안내
  - 해변에 선 사람 혹은 산 중턱에 있는 사람이 자신이며, 바다/무지개를 바라보며 자신은 미래의 소망을 떠올리며 성취된다는 힘, 확신을 얻고자 함으로써 다시 감상 제안
- 재감상과 나눔

(2안) 감상 재구성 미술 활동

- 명화 감상
- 미술 활동(선택)
  - 작품 보고 따라 그리기 혹은 변형하여 그리기
  - 자신이 심리적, 환경적 어려움 혹은 미래에 계획하는 일, 기도가 필요할 때, 찾아가 바라보는 자연을 떠올리며 그 장면과 자신이 함께 있는 장면 그리기
- 나눔
  - 명화에서 어떤 감정을 느꼈으며 어떤 생각이 떠올랐는가?
  - 자기 작품 이야기와 피드백 나누기
  - 자신이 어려움이나 성취하거나 기도가 필요할 때, 자신이 그린 풍경에서 어떤 경험을 했는가?
  - 자연을 찾아간 곳을 그림으로 표현하면서 어떤 경험을 새롭게 했는가?
  - 자연과 자신은 어떤 관계를 맺고 있다고 생각하는가?

● 주제 관련 작품 소개

- 프리드리히(Caspar David Friedrich): 풍경 작품
- 마르크(Franz Marc): 말 풍경
- 쿠르베(Gustave Courbet): 바다 풍경
- 뒤러(Albrecht Dürer): 기도하는 손

🍎 **주제:** 소화, 균형

🍎 **목표:** 긍정적 정시, 심리적 이완, 심리적 정화, 위로, 조화, 균형, 통합력

🍎 **화가와 작품**

여름꽃

붉고 푸르고 노란 꽃

명화 감상 미술치료

II. 실제편

• 놀데(Emil Nolde, 독일, 1867~1956)

　– 여름꽃(Sommerblume, 수채화, 34.3×46cm, 제빌 놀데 재단 미술관)

　– 붉고 푸르고 노란 꽃(Rote, blaue und gelbe Blumen, 1945/1948, 한지에 수채
　화, 22.7×26/26.7cm, 개인 소장)

🍎 **매체:** 명화 컬러 복사본(A4 크기), 머메이드지(4, 8절), 켄트지(4, 8절), 수채
화 도구(물감, 붓, 팔레트, 스펀지), 파스넷, 파스텔, 오일파스텔, 색연필

🍎 미술치료 과정

(1안) 명화 감상

• 그림 감상과 내용 말하기

• 나눔

  −떠오르는 느낌, 사람, 장소, 기억 이야기

  −꽃을 선물하거나 선물 받은 기억 이야기

  −꽃밭 가꾸기와 선물하기(과거, 현재, 미래)와 선물받고 싶은 사람 떠올리기

(2안) 감상 재구성 미술 활동

• 명화 감상

• 미술 활동(선택)

  −꽃 감상 후 느낀 감정을 수채화로 표현(구상, 비구상 가능)

  −명화 따라 그리기나 자신이 좋아하거나 자신에게 의미 있는 꽃 그리기

  −꽃, 꽃밭이 있는 풍경 확장하여 상상한 꽃이나 꽃밭 풍경 그리기/공간 꾸미기

  −감상한 작품 중의 꽃들을 선택하여 오려 콜라주로 표현

• 나눔

  −꽃 주제 미술 활동을 하면서 떠오른 감정, 기억, 생각, 사람 등에 대해 이야기 나누기

  −자신이 표현한 꽃과 명화와 어떤 점이 닮았는지 이야기 나누기

  −표현한 꽃이 자신이 바라는 이상향이라면, 어떤 점(색, 형태, 향기 등)에서 그렇게 느끼는가?

  −꽃과 꽃향기에 어울리는 음악, 시, 글이 떠오르는 것이 있는지?

● 주제 관련 작품 소개

- 동겐(Kees van Dongen): 꽃 시리즈

- 하틀러(Marsden Hartley): 들장미

- 헤엠(Jan Davidsz. de Heem): 꽃

- 르누아르(Pierre-Auguste Renoir): 꽃 시리즈

- 고흐(Vincent van Gogh): 해바라기

35 꽃 2

🍎 **주제:** 정체성

🍎 **목표:** 정체성 의식화, 내적 자원 함양, 자아 표현, 자신감, 희망

🍎 **화가와 작품**

팬지꽃   수선화와 튤립   장미 바구니

제라늄   장미와 백합

- 라투르(Henri-Fantin-Latour, 프랑스, 1836~1904)
  - 팬지꽃(Pansies, 1903, 유화, 22.9×28.3cm, 뉴욕 메트로폴리탄 미술관)
  - 수선화와 튤립(1862, 유화, 46×38.5cm, 파리 오르세 미술관)
  - 장미 바구니(A basket of Roses, 1890, 유화, 49×60cm, 파리 국립초상화미술관)
  - 제라늄(Geraniums, 1888, 유화, 45.72×55.8cm, 개인 소장)
  - 장미와 백합(Roses and Lilies, 1888, 유화, 59.78×45.7cm, 뉴욕 메트로폴리탄 미술관)
- 🍎 **매체:** 명화 컬러 복사본(A4 크기), 머메이드지와 켄트지(4~8절), 채색도구(물감, 파스텔, 오일파스텔, 색연필 등), 인조 꽃, 풀, 가위, 칼, 스카치테이프, OHP필름, 투사지
- 화분 만들기 가능

🍎 **미술치료 과정**

(1안) 명화 감상

- 꽃 그림 감상과 내용 말하기
- 나눔
  - 인상, 느낌, 기억 등을 이야기 나누기

(2안) 감상 재구성 미술 활동

- 명화 감상
- 미술 활동
  - 감상 작품 중 선택하여 따라 그리기(OHP필름 혹은 투사지를 이용하여 그리기 가능)
  - 자신에게 가장 의미 있는 꽃 혹은 좋아하는 꽃 그리기

• 나눔

−꽃 그림을 그리면서 어떤 감정, 기억, 생각들이 떠올랐는가?

−선택하여 그린 꽃은 자신의 어떤 면을 나타내며 자신에게 어떤 의미를 지니는가?

−자신이 되고 싶은 이상의 꽃이라면, 꽃의 특성 중에 어떤 면인가?

−화가는 이 꽃을 그리면서 무엇을 표현하려고 했는가?

−어떤 상징을 읽을 수 있는가?

🍎 **주제 관련 작품 소개**

• 동겐(Kees van Dongen): 꽃 시리즈

• 하틀리(Marsden Hartley): 꽃 시리즈

• 헤엠(Jan Davidsz. de Heem): 꽃 시리즈

• 르누아르(Pierre-Auguste Renoir): 꽃 시리즈

• 고흐(Pierre-Auguste Renoir): 해바라기

- **주제:** 나무, 생명, 성장, 희망
- **목표:** 조화와 균형, 희망, 위로, 성장, 통합, 명상
- **화가와 작품**

사이프러스 나무   생명의 나무

- 고흐(Vincent van Gogh, 네덜란드, 1853~1890)
  - 사이프러스 나무(Cypresses, 1889, 유화, 93.9×74cm, 뉴욕 메트로폴리탄 미술관)
- 클림트(Gustav Klimt, 오스트리아, 1862~1918)
  - 생명의 나무(Tree of Life Stoclet Frieze, 1909, 유화, 1,256×2,440cm, 빈 응용미술관)
- **매체:** 명화 컬러 복사본(A4 크기), 켄트지(4~8절), 캔버스(2~4호 정도), 아크릴물감, 오일파스텔, 색연필, 유성펜, OHP필름 혹은 아크릴판

🍎 미술치료 과정

(1안) 명화 감상

- 감상과 내용 말하기

- 나눔

(2안) 감상 재구성 미술 활동

- 명화 감상

- 미술 활동(선택)

    −자신에게 희망과 힘을 주는 나무 선택하기

    −선택한 그림 따라 그리기(캔버스, 화지, 아크릴판, OHP필름 중 선택)

    −그림 감상 후 자신에게 기억에 남는 혹은 좋아하는 나무 그리기

- 나눔

    −나무 작품을 감상하면서 어떤 느낌, 생각, 기억 등이 떠올랐는가?

    −선택한 나무의 삶은 어떠했을까?

    −나무가 자신에게 위로나 희망을 준다면, 나무의 어떤 면에서 그것을 발
    견하는가?

🍎 주제 관련 작품 소개

- 박수근 : 나무와 두 여인

- 장욱진: 가로수, 나무

● **주제:** 정원

● **목표:** 잠재자원, 창의성 활성화, 희망, 위로, 조화와 균형

● **화가와 작품**

 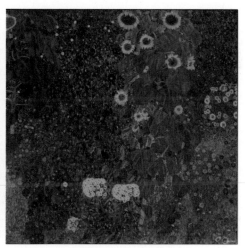

꽃이 있는 정원 　　　　　　　　　해바라기가 있는 농장 정원

- 고흐(Vincent van Gogh, 네덜란드, 1853~1890)

  −꽃이 있는 정원(Garden with Flowers, 1888, 유화, 92×73cm, 개인 소장)

- 클림트(Gustav Klimt, 오스트리아, 1862~1918)

  −해바라기가 있는 농장 정원(Farm Garden with Flowers, 1907, 유화, 110×
    110 cm, 오스트리아 미술관)

🍎 **매체:** 켄트지(4~8절), OHP필름, 아크릴판, 물감, 크레파스, 색연필, 사인펜, 도구, 색 습자지, 색종이, 색한지, 물뿌리개, 비즈, 인조 식물, 풀, 가위, 칼 등

🍎 **미술치료 과정**

(1안) 명화 감상

• 감상과 내용 말하기

• 나눔

　－작품에 받은 인상, 느낌, 생각 등 나누기

(2안) 감상 재구성 미술 활동

• 명화 감상

• 미술 활동(선택)

　－미로 작품: 화지, OHP필름이나 아크릴판에 그대로 색칠하기

　－자유롭게 자신만의 색칠하기

　－자신의 정원 그리기/만들기

　－마을에서 만날 수 있는 혹은 기억에 남는 정원 그리기/만들기

• 나눔

　－작품 따라 그린 것에 대한 느낌은 어떠한가?

　－자신이 꾸민 정원은 어떤 꽃, 식물들로 구성되었는가?

　－정원의 색은 어떤 색들인가? 그렇게 구성한 이유는 무엇인가?

　－자신의 정원을 보여 주고 싶은 사람은?

　－정원 그림에서 희망, 소망 혹은 조화나 균형을 느낄 수 있는가?

　－정원은 자신의 삶에 어떤 의미가 있을까?

🍎 주제 관련 작품 소개

• 클림트(Gustav Klimt): 농장 정원

• 르누아르(Auguste Renoir): 정원

• 미로(Joan Miró): 정원

38 계절

● **주제:** 변화, 순환, 질서, 균형

● **목표:** 심리적 균형과 질서, 중심, 자아 강화, 삶의 이해

● **화가와 작품**

봄   여름

가을   겨울

- 아르침볼도(Giuseppe Arcimboldo, 이탈리아, 1527?~1593)

  −봄(Spring, 1573, 유화, 76×63cm, 파리 루브르 박물관)

  −여름(Summer, 1573, 유화, 220×144cm, 파리 루브르 박물관)

  −가을(Autumn, 1573, 유화, 76×63cm, 파리 루브르 박물관)

  −겨울(Winter, 16세기경, 유화, 76×63cm, 파리 루브르 박물관)

● **매체:** 작품 컬러 복사본(A4 크기), 파스텔, 크레파스, 유성 사인펜, 색연필, 켄트지(8, 4절), 투사지

● **미술치료 과정**

(1안) 감상(사계절 중 선택)

- 감상과 내용 말하기
- 나눔

(2안) 감상 재구성 미술 활동

- 명화 감상
- 미술 활동(선택)

  −마음에 드는 작품 선택하여 따라 그리기(투사지 사용 가능)

  −사계절 중, 자신의 상황에 어울리는 계절 선택하여 투사지로 그리거나 작품 따라 그리기

  −자신의 심리적 계절 후에 다가올 다음 계절 그리기(상징적 혹은 구체적 표현)

- 나눔

  −자신에게 사계절과 연결된 정서, 색은 어떤 것인가?

  −자신이 선택한 계절은 현재 자신의 심리적, 정서적, 환경적 상황과 어떤 관계인가?

－각각의 다른 계절에 떠오르는 기억, 에피소드나 사람이 있는가?

－좋아하는 계절은? 이유는? 싫어하는 계절이 있다면 어느 계절이며, 이유는?

－자신의 삶에서 심리적 계절이 길었던, 짧았던 시기는 언제인가?

🍎 주제 관련 작품 소개

• 보티첼리(Sandro Botticelli): 봄

• 프리드리히(Caspar David Friedrich): 겨울

• 고흐(Vincent van Gogh): 봄, 가을

• 스왓랜드(Sally Swatland): 여름

• 무하(Alphonse Mucha): 사계절

39 자유

🍎 **주제:** 자유

🍎 **목표:** 자유, 정체성 확립, 유연성, 창의적 사고 함양

🍎 **화가와 작품**

커다란 푸른 말들

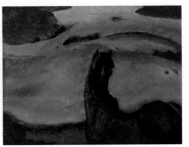

말이 있는 풍경

- 마르크(Franz Marc, 독일, 1880~1916)

  −커다란 푸른 말들(Large Blue Horses, 1911, 유화, 160×102cm, 미네소타 미니
  에폴리스 워크 아트센터)

  −말이 있는 풍경(Horse in a Landspcape, 1910, 유화, 85×112cm, 에센 폴크밤
  미술관)

🍎 **매체:** 작품 컬러 복사본(A4), 캔버스(3~5호), 아크릴물감, 수채물감, 붓, 물
통, 팔레트, 오일파스텔, 파스텔

🍎 미술치료 과정

(1안) 명화 감상

- 감상과 내용 말하기
- 나눔

(2안) 감상 재구성 미술 활동

- 명화 감상
- 미술 활동(선택)
  - 작품 선택하여 그대로 따라 그리기
  - 마음에 드는 작품 선택하여 윤곽 따라 그린 후, 말에게 어울리는 색 정하여 칠하기
  - 말 주제로 자유롭게 그리기
- 나눔
  - 작품 감상에서 받은 느낌, 인상, 생각 등은 어떠한가?
  - 말은 지금 어떤 상황에 있을까?
  - 말은 어떤 생각으로 세상을 바라볼까?
  - 말을 따라 그리면서 어떤 느낌, 인상, 생각 등이 들었는가?
  - 말에게 사용한 색은 자신과 어떤 관계가 있는가?

🍎 주제 관련 작품 소개

- 마르크(Franz Marc): 푸른 말
- 미로(Joan Miró): 화려한 날개의 미소

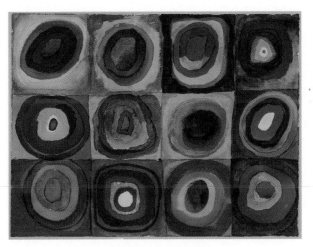

40 동심원

🍎 **주제:** 명상, 변화, 순환, 유희

🍎 **목표:** 잠재자원 활성화, 창의성 발달, 자아 성찰

🍎 **화가와 작품**

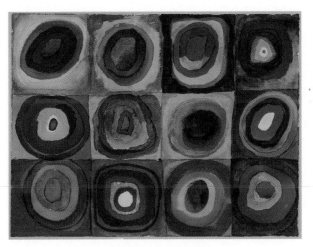

동심원이 있는 정사각형

- 칸딘스키(Wassily Kandinsky, 러시아, 1866~1944)

  −동심원이 있는 정사각형(colour study squares with concentric circles, 1913,

  수채−과슈−크레용, 23.8×31.4cm, 뮌헨 렌바흐 하우스 미술관)

🍎 **매체:** 작품 컬러 복사본, 켄트지(8, 4절), 수채화 물감, 붓, 팔레트, 물통, 크

레파스, 파스텔, 아크릴물감, 유성펜, OHP필름, 아크릴판, 색종이, 가위,

칼, 풀

🍎 미술치료 과정

(1안) 명화 감상

- 감상과 내용 말하기
- 나눔

(2안) 감상 재구성 미술 활동

- 명화 감상
- 미술 활동(선택)

  −작품 따라 그리기

  −작품에 영감을 얻어 자신만의 동심원 그리기

  −작품 중 마음에 드는 사각형 한 개나 몇 개 선택하여 그리기

  −각 사각형을 오려서 자신이 원하는 대로 재배치하여 붙이기

  −색종이로 원 따라 오려서 재구성

- 나눔

  −작품 감상에서 받은 느낌, 인상 등은 어떠한가?

  −자신의 미술 활동에서 새롭게 받은 느낌, 인상 등은 어떠한가?

  −원과 사각형은 자신에게 어떤 힘을 주는가?

  −색채의 변주는 자신에게 어떤 힘을 주는가?

🍎 주제 관련 작품 소개

- 칸딘스키(Wassily Kandinsky): 즉흥 III

● **주제:** 존경, 경의, 관계성, 미적 소통

● **목표:** 타인 인식력 확장, 관계 및 소통 능력 함양

● **화가와 작품**

첫걸음

• 고흐(Vincent van Gogh, 네덜란드, 1853~1890)

 −첫걸음(First Steps–after Millet, 1890, 유화, 72.4×91.9cm, 뉴욕 메트로폴리탄

 미술관)

● **매체:** 작품 컬러 복사본, 켄트지(4~8절) 혹은 캔버스, 아크릴물감, 수채물

 감 및 채색도구, 파스텔, 크레파스

🍎 미술치료 과정

(1안) 명화 감상

- 그림 감상과 내용 말하기
- 감상 후 이야기 나누기

(2안) 감상 재구성 미술 활동(선택)

- 명화 감상
- 미술 활동(선택)

  − 원작 따라 그리기

  − 자신의 삶에 영향을 끼친 존경 하거나 경의를 표하고 싶은 인물(지인 혹은 작품, 삶의 이력을 통해 알고 있는 인물) 떠올리기

  − 자신의 오마주 대상을 상징적, 구체적으로 그리기

  − 오마주 대상을 동식물, 자연 현상들로 상징적으로 표현

- 나눔

  − 작품 감상 후 느낌과 생각은 어떤가?

  − 자신의 오마주 대상은 누구인가?

  − 자신의 오마주 상징, 형태, 인물을 그렇게 표현한 이유는?

  − 그 대상에게 어떤 영향을 받았는가?

  − 자신은 어떤 인물로 오마주의 대상이 되고 싶은가?

🍎 주제 관련 작품 소개

- 미로(Joan Miró): 여인, 새와 별(피카소를 향한 오마주), 가우디를 위한 모델 IV와 VIII
- 앨버스(Joseph Albers): 사각형을 위한 오마주

42 동물

🍎 **주제:** 동물

🍎 **목표:** 관계 맺기, 소통, 위로, 통합

🍎 **화가와 작품**

네 어린이와 비둘기

황소

호랑이

- 이중섭(한국, 1916~1956)

  −네 어린이와 비둘기(연도 불분명, 연필, 31.5×48.5cm, 소장처 불명)

  −황소(1953년 무렵, 유화, 32×49.5cm, 서울 리움 미술관)

- 마르크(Franz Marc, 독일, 1880~1916)

  −호랑이(Tiger, 1912, 유화, 109×99cm, 뮌헨 렌바흐 하우스 미술관)

🍎 **매체:** 작품 컬러 복사본과 흑백 복사본, 켄트지(4~8절), 투사지, 아크릴판, 색연필, 크레파스, 유성펜, 물감, 붓, 팔레트, 물통, 가위, 풀, 칼, 다양한 동물 사진

🍎 **미술치료 과정**

(1안) 명화 감상

- 감상과 내용 말하기

- 나눔

(2안) 감상 재구성 미술 활동

- 명화 감상

- 미술 활동(선택)

  −명화 선택하여 따라 그리기

  −자신의 좋아하는 동물 그리기

  −자신이 키우는 동물 그리기

- 나눔

  −평소에 동물에 대한 기억이나 인상이나 선호는 어떠한가?

  −작업한 명화를 선택한 이유는?

  −자신이 좋아하거나 키우는 혹은 키웠던 동물을 그리면서 어떤 감정, 기

억 등이 떠올랐는가?

-그림을 완성한 후의 느낌은 어떠한가?

🍎 주제 관련 작품 소개

• 피카소(Pablo Ruiz Picasso): 비둘기를 안고 있는 아이

• 장욱진: 까치와 호랑이

• 미로(Joan Miró): 지평선 맞은 편의 새들

• 김환기: 사슴

개와 고양이

● **주제**: 동물

● **목표**: 관계 맺기, 소통, 위로

● **화가와 작품**

눈 속에 누워있는 개

고양이들, 빨강과 하양

하얀 고양이

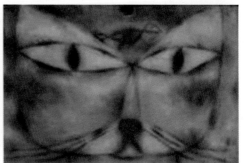

고양이와 새

- 마르크(Franz Marc, 독일, 1880~1916)

  - 눈 속에 누워 있는 개(Hund im Schnee liegend, 1910~1911, 유화, 62.5× 105cm, 프랑크푸르트 슈타텔 미술관)

  - 고양이들, 빨강과 하양(Katzen, rot und weiß, 1912, 유 화, 52×35cm, 할레 모리트부르크 미술관)

  - 하얀 고양이(Die weiße Katze/the white cat, 1912, 유화, 48.8×60cm, 할레 모리츠부르크 미술관)

- 클레(Paul Klee, 스위스, 1879~1940)

  - 고양이와 새(Cat and Bird, 1928, 유화와 잉크, 38.1×53.2cm, 뉴욕 현대 미술관)

🍎 **매체:** 명화 컬러 복사본, 켄트지(4~8절), 투사지, 아크릴판, 색연필, 크레파스, 유성펜, 물감, 붓, 팔레트, 물통

🍎 **미술치료 과정**

(1안) 명화 감상

- 감상과 내용 말하기

- 나눔

  - 작품 속 개나 고양이는 어떤 인상, 느낌을 주는가?

  - 개나 고양이를 키운 적이 있는지, 현재 키우는지?

  - 현재 개나 고양이는 어떤 상황인가?

(2안) 감상 재구성 미술 활동

- 명화 감상

- 미술 활동(선택)

  - 선택한 작품을 따라 그리기

ー동물의 자세나 표정이나 배경을 고쳐서 재표현하기

　　ー자신과 함께한, 함께하는, 함께하고 싶은 고양이나 개 그리기

• 나눔

　　ー선택한 작품을 그리면서 든 느낌이나 생각은?

　　ー자신에게 개 혹은 고양이는 어떤 존재며 어떤 의미가 있었는가/있는가?

　　ー개와 고양이에 대한 추억은?

　　ー개 혹은 고양이가 말을 한다면, 자신에게 어떤 말을 할 것 같은가?

🍎 주제 관련 작품 소개

• 마르크(Franz Marc): 검은 고양이

주제: 평화, 갈등 극복, 위로

목표: 평화, 갈등 극복, 심리적 안정, 위로

화가와 작품

서귀포의 환상

- 이중섭(한국, 1916~1956)

  −서귀포의 환상(1951, 유화, 56×92cm, 용인 호암미술관)

매체: 작품 컬러 복사본(A4), 투사지, 잡지, 가위, 풀, 켄트지(8, 4절), 광목
천(20×30cm 정도, 집단 경우: 200× 80cm 내외), 유성펜, 색연필, 아크릴물감,
오일파스텔, 파스넷

미술치료 과정

(1안) 명화 감상

- 감상과 내용 말하기

- 나눔
  - 작품에서 받은 인상, 느낌, 생각 이야기 나누기

(2안) 감상 재구성 미술 활동

- 명화 감상
- 미술 활동(선택)
  - 작품 일부 오려서 재구성하기(화지)
  - 작품 따라 그리기(천이나 화지)와 색 자유롭게 선택
  - 평화를 위한 그림 그리기(광목천, 화지, 티셔츠나 에코백)
  - 집단: 평화를 위한 자유화
  - 전쟁이나 트라우마를 겪은 사람을 위로하는 그림 그리기
- 나눔
  - 명화와 자신의 작품과 비교하여 묘사하기
  - 자신이 경험한 평화로운 장면이나 상황 이야기하기
  - 자신의 작품을 어떤 공간에 두고 싶은가? 그 이유는?
- 활용 팁
  - 희생자를 기리는 벽화 그리기(광목천, 집단 작업)

🍎 **주제 관련 작품 소개**

- 피카소(Pablo Picasso): 전쟁과 평화, 게르니카
- 장욱진: 앞뜰

45 색채 여행

● **주제:** 자유, 이완, 창의성

● **목표:** 심리적 이완, 휴식, 창의성 활성화

● **화가와 작품**

폴리네시아, 바다

폴리네시아, 하늘

- 마티스(Henri Matisse, 프랑스, 1869~1954)

  - 폴리네시아, 바다(Polynésie, la mer, 1946, 유화, 과슈, 종이 붙이기, 200×314cm, 파리 조르주 퐁피두센터)

  - 폴리네시아, 하늘(Polynésie, le ciel, 1946, 유화 과슈, 종이 붙이기, 200×314cm, 파리 조르주 퐁피두센터)

● **매체:** 켄트지(2~8절), 다양한 색 켄트지와 색종이, 색 습자지, 색한지, 물감, 팔레트, 붓, 물통, 가위, 풀, 칼

명화 감상 미술치료

II. 실제편

🍎 미술치료 과정

(1안) 명화 감상

• 감상과 내용 말하기

• 나눔

(2안) 감상 재구성 미술 활동

• 명화 감상

• 미술 활동

  −원작품을 오려서 콜라주로 재구성

  −바다나 식물, 자연 풍경을 떠올리며 원하는 색으로 오려서 원하는 바탕
  에 붙이기

• 나눔

  −원작품 감상에서 어떤 느낌, 기억, 생각이 들었는가?

  −작품을 하고 난 후 어떤 느낌이 드는가?

  −작품에 있는 곳이나 바다가 있는 곳을 여행한 기억이 있는가? 가고 싶
  은가?

  −여행은 자신에게 어떤 힘을 주는가?

🍎 주제 관련 작품 소개

• 마티스(Henri Matisse): 구성

• 김환기: 산월, 20−IIII−70 #167

46 색채의 즐거움

🍎 **주제:** 자유, 이완, 창의성, 행복

🍎 **목표:** 심리적 이완, 휴식, 창의성 활성화, 긍정적 정서 활성화

🍎 **화가와 작품**

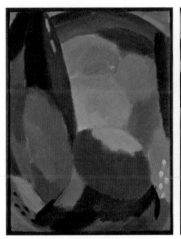

색채의 즐거움

비 오는 풍경

명화 감상 미술치료

II. 실제편

- 야블렌스키(Alexej Georgewitsch von Jawlensky, 러시아, 1864~1941)

  −색채의 즐거움(Variation: Glorious Evening–Summer Blessing II, 1917, 유화, 36×27.3cm, 개인 소장)

- 칸딘스키((Wassily Kandinsky, 러시아, 1866~1944)

  −비 오는 풍경(Landscape with Rain, 1913, 유화, 70.2×78.1cm, 뉴욕 구겐하임 미술관)

● **매체:** 켄트지(4~8절), 다양한 색 켄트지, 색종이, 유성펜, 오일파스텔, 색연필, 물감, 팔레트, 붓, 물통, 가위, 풀, 칼

● **미술치료 과정**

(1안) 명화 감상

• 감상과 내용 대화

• 감상 느낌 나누기

(2안) 감상 재구성 미술 활동

• 명화 감상

• 미술 활동(선택)

  −선택한 작품 따라 그리기

  −명화 감상 후 자신이 선택한 색들로 즐거움과 행복 그리기(비구상)

  −색채의 즐거움 주제로 색종이 콜라주

• 나눔

  −작품에 표현된 색채는 어떤 느낌을 주는가?

  −자신이 좋아하는, 좋아했던 색은 어떤 것인가? 어느 시기에 많이 좋아했는가?

  −그 시기는 어떤 시기였나?

  −자신의 현재 심리적, 신체적 상황이 색에 잘 표현되었는가?

  −그렇지 않다면, 작품은 자신에게 어떤 메시지를 주는가?

● **주제 관련 작품 소개**

• 샤갈(Marc Chagall): 색채와 음악

• 마티스(Henri Matisse): 달팽이

47 **회복, 재탄생**

🍎 **주제:** 회복

🍎 **목표:** 지아 발전, 정체성 발달, 회복, 재환, 재탄생과 새 출발

🍎 **화가와 작품**

비너스의 탄생

- 보티첼리(Sandro Botticelli, 이탈리아, 1445~1510)

  −비너스의 탄생(The Birth of Venus, 1485, 템페라, 180×280cm, 피렌체 우피치
    미술관)

🍎 **매체:** 작품 컬러 복사본과 흑백 복사본, 투사지, 켄트지(4~8절), 파스텔,
  오일 파스텔, 색연필, 잡지, 칼, 가위, 풀, 장식재료 등

🍎 **미술치료 과정**

(1안) 명화 감상

- 작품 감상과 내용 말하기

• 나눔

−작품 감상을 통한 생각, 느낌 나누기

(2안) 감상 재구성 미술 활동

• 명화 감상

• 미술 활동(선택)

　−명화의 주변 인물을 오려서 그 인물이 주제가 되는 그림 그리기나 콜라주

　−자신의 어려움, 위기, 고통 혹은 병을 극복하고 재탄생, 회복된 모습과 배
　경 그리기 나 콜라주

　−바람이 불어오고 새로운 물결이 자신을 데려다준 곳에 발을 내딛는 자기
　모습 그리기

　−비너스의 자리에 자신의 재탄생 모습이나 상징을 그려 넣고 배경과 주변
　인물도 변형하기

　−다른 방식으로 자신의 정신적, 육체적으로 회복한 모습 그리기/콜라주

• 나눔

　−자신의 작품 감상은 어떠한지?

　−자신의 작품을 하면서 어떤 생각, 감정, 기억이 떠올랐는지?

　−자신이 어려움을 겪을 때, 자신이 머물고 싶었던 자기만의 공간은?

　−자신이 자신과 세계를 새롭게 보며, 발전하는 모습 혹은 재탄생 상징은
　어떻게 하여 만들어졌는가?

🍎 주제 관련 작품 소개

• 훈데르트바서(Friedensreich Hundertwasser): 사랑의 파도가 있는 비 오는 날

• 김환기: 봄의 소리

48 명상 1

🍎 **주제:** 이완, 평온, 일체감

🍎 **목표:** 자기 수용, 자기 이해, 통합능력, 이완, 조화와 균형

🍎 **화가와 작품**

수련

저녁 무렵 수련

파란 수련

- 모네(Claude-Oscar Monet, 프랑스, 1840~1926)

  −수련(Lilies, 1906, 유화, 89×94cm, 시카고 미술관)

  −저녁 무렵 수련(Water Lilies, Evening Effect, 1897~1899, 81×100cm, 노이에
   피나코텍 미술관)

  −파란 수련(Blue Water Lilies, 1916~1917, 유화, 130×152cm, 파리 오르세 미술관)

🍎 **매체:** 작품 컬러 복사본, 캔버스(다양한 크기), 아크릴물감, 붓, 아크릴팔레트

(1안) 명화 감상

- 작품 감상

  −눈을 감고 호흡 연습(명상적 음악을 들려 줄 수 있음)

  −작품 재감상

- 나눔: 작품 감상을 통한 생각, 느낌 나누기

(2안) 감상 재구성 미술 활동

- 명화 감상

- 미술 활동(선택)

  −선택 작품 따라 그리기

  −자신만의 색 선택하여 색칠하기(연꽃, 수련 혹은 다른 꽃 그리기)

- 나눔

  −감상 후 어떤 인상, 느낌, 생각이 떠올랐나?

  −자신만의 색을 칠한 후 감상은 어떠한가?

  −어떤 경험을 했는가?

🍎 **주제 관련 작품 소개**

- 모네(Claude-Oscar Monet): 수련, 수련 연못 시리즈

49 명상 2

● **주제:** 명상, 자아 성찰, 심리적 균형

● **목표:** 자아 성찰, 심리적 자원 및 에너지 활성, 긍정적 정서 활성

● **화가와 작품**

신비한 두상: 명상

추상 두상: 깨우침 II

명화 감상 미술치료

II. 실제편

- 야블렌스키(Alexej Georgewitsch von Jawlensky, 러시아, 1864~1941)
  - 신비한 두상: 명상(Mystical Head: Meditation, 1918, 유화, 뮌헨 렌바흐 하우스 미술관)
  - 추상 두상: 깨우침 II(Abstract Head: Enlightenment II, 1919, 유화, 36.9× 26.7cm, 개인 소장)

● **매체:** 작품 컬러 복사본, 투사지, 켄트지(8~4절), 머메이드지(4~8절), 물감, 팔레트, 물통, 큰 붓, 스펀지, 색연필, 파스텔, 오일파스텔, 명상 음악

● **미술치료 과정**

(1안) 명화 감상

• 그림 감상과 내용 말하기

• 눈 감고 이완 호흡 후, 감상 그림의 모습 따라 하기

• 나눔

(2안) 감상 재구성 미술 활동

• 명화 감상

• 미술 활동

　-작품 윤곽, 선 모사(투사지 사용하거나 따라 그리기)

　-자신의 명상적 모습 그리기

• 나눔

　-그림을 그리고 보면서 어떤 느낌과 생각이 드는가?

　-이 그림에서 어떤 에너지를 얻게 되었는가?

　-이러한 모습은 어떤 시기, 시간에 가져 본 경험이 있는가? 있다면 그 시간은 어떠했는가?

● **주제 관련 작품 소개**

• 야블렌스키(Alexej von Jawlensky): 명상 두상, 얼굴 시리즈

• 김환기: 항아리

• 로스코(Mark Rothko): Magenta, Black, Green on Orange

● **주제:** 축제, 자유

● **목표:** 삶의 즐거움 향유, 에너지 활성화, 자유와 놀이의 경험

● **화가와 작품**

일화: 축제의 아기에게!

- 루소(Henri Rousseau, 프랑스, 1844~1910)

  —일화: 축제의 아기에게!(An exemplum: To fête Baby!, 1903, 유화, 100×

  81cm, 빈터투어 미술관)

● **매체:** 작품 컬러 복사본, 켄트지(8~4절), 색연필, 오일파스텔, 가위, 칼, 풀

명화 감상 미술치료

II. 실제편

🍎 미술치료 과정

(1안) 명화 감상

• 그림 감상과 내용 말하기

• 나눔

(2안) 감상 재구성 미술 활동

• 명화 감상

• 미술 활동

　-작품을 그대로 따라 그리기

　-작품 중에 마음에 드는 것을 오려서 재구성하기

　-자신이 상상하는 혹은 기억하는 축제 풍경 그리기

• 나눔

　-세 가지 제안 중에 선택한 것은 무엇이며, 왜 그것을 선택했는가?

　-그림을 보고 그리면서 어떤 생각, 기억이 떠올랐는가?

　-자신에게 축제 경험이 있는가? 있다면 어떤 경험인가?

　-자신이 어릴 적 꽃이나 자연의 것을 가지고 놀았던 작은 축제의 기억이

　　있는가? 그때를 어떻게 기억하는가?

🍎 주제 관련 작품 소개

• 루소(Henri Rousseau): 아이의 초상

참고문헌

김치수, 김성도, 박인철, 박일우(2006). 현대기호학의 발전. 서울: 서울대학교출판부.

민중서림편집국(편저)(1999). 엣센스 국어사전. 서울: 民衆書林.

정여주(2014). 미술치료의 이해: 이론과 실제(2판). 서울: 학지사.

정여주(2016). 미술치료에서 미술의 특성과 창의적 과정의 치료적 의미. 미술치료연구 23(5), 1221-1237.

Andina-Kernen, A. (1996). *Über das Entstehen von Symbolen*. Basel: Schwabe & Co Ag.

Arnheim, R. (1954/2003). 미술과 시지각(*Art and Visual Perception*). (김춘일 역). 서울: 미진사.

Arnheim, R. (1966/1995). 예술심리학(*Toward a Psychology of Art*). (김재은 역). 서울: 이화여자대학교 출판부.

Arnheim, R. (1991). Kunst als Therapie. In H. Petzold & I. Orth (Hrsg.), *Die neuen Kreativitätstherapien, Bd. I* (pp. 257-265). Paderborn: Junfermann.

Baal-Teshuva, J. (2006/2006). 마크 로스코(*Mark Rothko*). (윤채영 역). 서울: 마로니에북스.

Bachmann, H. I. (1993). *Malen als Lebensspur*. Stuttgart: Klett-cotta.

Baos, P. (2016). 마요르카의 미로. 야생의 정신. In Joan Miro. 꿈을 그린 화가 호안 미로 특별展 (pp. 10-42). 서울: 세종문화회관 미술관.

Baukus, P., & Thies, J. (1997). *Kunsttherapie*. Stuttgart: Fischer.

Benedetti, A. (1992). *Psychotherapie als existentielle Herausforderung*. Göttingen: Vandenhoeck & Ruprecht.

Benedetti, M. T. (2006/2007). 세잔: 색채로 드러낸 불변의 진실(*Cezanne*). (조재룡 역). 서울: 마로니에북스.

Berger, J. (1972/1995). 어떻게 볼 것인가(*Ways of Seeing*). (하태진 역). 서울: 현대미학사.

Beuys, J. (1991). "Kunst ist ja Therapie" und "jeder Mensch ist ein Künstler". In H. Petzold, & I. Orth (Hrsg.), *Die neuen Kreativitätstherapien, Bd.* I (pp. 33-40). Paderborn: Junfermann.

Bill, M. (1955/2001). 예술과 느낌: 바실리 칸딘스키 예술론(*Kandinsky: Essays über Kunst und Künstler*). (조정옥 역). 서울: 서광사.

Bischoff, U. (2005/2005). 에드바르드 뭉크(*Munch*). (반이정 역). 서울: 마로니에북스.

Bockemühl, M. (2000). *Turner*. Köln: Benedikt Taschen Verlag.

Breindl-Sarbia, K. (2015). Fraun-Körper-Kunst: feministische Position von künstlerinnen und ihre Relevanz für Patientinnen mit Essstörungen. In Ph. Martius, F. von Spreti, & P. Henningsen (Hrsg.), *Kunsttherapie bei psychosomatischen Störungen* (pp. 263-270). München: Elsevier.

Brown, R., & Kulik, J. (1977). Flashbulb memories. *Cognition, 5*(1), 73-99.

Bush, M. (1984). Das Formproblem in der psychoanalytischen Kunsttheorie. In H.

Kraft (Hrsg.). *Psychoanalyse, Kunst und Kreativität heute* (pp. 146–177). Köln: DuMont.

Cézanne, P. (1980). Über die Kunst. Gespräche mit Gasquet, Briefe. hg. von Walter Hess. Mittenwald: Mäander Kunstverlag.

Clausen, A. U. (1994). *Zeichnen = Sehen lernen*. Wien: Wiener Verlag.

Cohen-Solal, A. (2013/2015). 마크 로스코(*Mark Rothko: toward the Light in the Chapel*). (여인혜 역). 서울: 다빈치.

Dannecker, K. (2015). *Psyche und Ästhetik* (3. Auf.). Berlin: MWV Medizinisch Wissenschaftliche Verlagsgesellschaft mbH & Co.

Deutscher Taschenbuch Verlag (Hrsg.) (1976). *Kindlers Malerei Lexikon im dtv. Bd. 8*. München: Deutscher Taschenbuch Verlag.

Dewey, J. (1988). *Kunst als Erfahrung*. Frankfurt am Main: Suhrkamp.

Dilthey, W. (1984/2017). 철학의 본질(*Das Wesen der Philosophie*). (최성환 역). 서울: 지식을만드는지식.

Eisler-Stehrenberger, K. (1991). Kreativer prozeß–therapeutischer Prozeß. In H. Petzold, & I. Orth (Hrsg.), *Die neuen Kreativitätstherapien, Bd. I* (pp. 113–168). Paderborn: Junfermann.

Elger, A. (1994). *Expressionismus*. Köln: Bededikt Taschen Verlag.

Essers, V. (1993). *Henry Matisse*. Köln: Benedikt Taschen Verlag.

Freud, S. (1986). *Totem und Tabu*. Frankfurt am Main: Fischer Taschenbuch Verlag GmbH.

Freud, S. (1988). *Das Ich und das Es und andere metapsychologische Schriften*. Frankfurt am Main: Fischer Taschenbuch Verlag GmbH.

Freud, S. (1989). *Sigmund Freud, Vorlesungen zur Einführung in die Psychoanalyse*. Frankfurt am Main: Fischer Taschenbuch Verlag GmbH.

Freud, S. (1998/2004). 예술, 문학, 정신분석. 프로이트 전집 14.(*Sigmund Freud Gesammelte Werke*). (정장진 역). 서울: 열린책들.

Franzen, G. (2018). Kunst & Psyche–Psychologische Aspekte künstlerischer Therapien: Die Grotte von Niki de Saint Phalle in den Herrenhäuser Gärten. In H. Duncker, R. Hampe, & M. Wigger (Hg.), *Gestalten-Gesunden*. (pp. 61–74). Freiburg/München: Verlag Karl Alber.

Giedion-Welcker, C. (1977). *Paul Klee*. Hambrug: Rowohlt Taschenbuch Verlag.

Goethe, J. W. (1997). *Farbenlehre 1*. Stuttgart: Verlag Freies Geistesleben.

Goethe, J. W. (1998/2003). 색채론, 자연과학론(*Zur Farbenlehre, Zur Naturwissenschaft im allgemeinen*). (장희창, 권오상 공역). 서울: 민음사.

Gogh, V. (1999). 반 고흐, 영혼의 편지. (신성림 역). 서울: 예담.

Gombrich, E. H. (1960/2003). 예술과 환영(*Art and Illusion*). (차미례 역). 서울: 열화당.

Gombrich, E. H. (1995/2017). 서양미술사(*The Story of Art*). (백승길, 이종숭 공역). 서울: 예경.

Greenberg, J. R., & Mitchell, S. R. (1983/1990). 정신분석학적 대상관계 이론(*Object Relations in Psychoanalytic Theory*). (이재훈 역). 서울: 한국심리치료연구소.

Herman, A. E. (2016/2017). 눈으로 차이를 만든다: 우아한 관찰주의자(*Visual Intelligence: Sharpen Your Perception, Change Your Life*). (문희경 역). 서울: 청림출판사.

Herrera, H. (1991). *Frida Kahlo: The Paintings*. New York: HarperCollins Publishers.

Huyghe, R. (1960/1983). 예술과 영혼(*L`art et l`âme*). (김화영 역). 서울: 열화당.

Janson, H. W., & Janson, D. J. (1977). *Malerei unserer Welt: Von der Höhlenmalerei bis zur Moderne*. Köln: DuMont.

Kandinsky, W. (1952). *Über das Geistige in der Kunst*. Bern: Benteli.

Kandinsky, W. , & Marc, F. (1965/2007). 청기사(*Der Blaue Reiter*). (배정희 역). 서울: 열화당.

Kast, V. (1999). *Der schöpferische Sprung*. München: Deutscher Taschenbuch Verlag.

Keel, D. (Hrsg.) (1985). *Denken mit Picasso. Gedanken über Kunst, Künstler und Kenner: aus Gesprächen zwischen Picasso u. seinen Freunden*. Berlin/ Weimar: Aufbau-Verlag.

Kemp, W. (1998). The Work of Art and Its Beholder: The Methodology of the Aesthetic of Reception. In M. A. Cheetham (Hrsg.), *The subjects of art history: historical objects in contemporary perspectives*. (pp. 180-196). Cambridge.

Kemp, W. (2011). Rezeptionsästhetik. In U. Pfister (Hg.), *Metzler Lexikon Kunstwissenschaft* (pp. 388-391). Stuttgart: J.B. Metzler.

Klee, P. (1991). *Paul Klee Kunst-Lehre*. Leipzig: Reclam-Verlag.

Kohut, H. (1993). *Die Heilung des Selbst*. Frnakfurt am Main: Suhrkamp.

Kossolapow, L. (1975). *Musische Erziehung zwischen Kunst und Kreativität*. Frankfurt am Main: Athenäum Taschenbuch Verlag.

Kraft, H. (2015). Psychoanalytische Konzepte des Kunstmachens. In H. Majer, L. Niederreiter, & T. Staroszynski (Hrsg.), *Kunstbasierte Zugänge zur Kunsttherapie* (pp. 141-150). München: Kopaed.

Krahmer, C. (1981). *Käthe Kollwitz*. Hamburg: Rowohlt Taschenbuch Verlag.

Kramer, E. (1998). *Childhood and Art Therapy*. Chicago, Magnolia Street Publishers.

Kuiper, P. C. (1984). Die psychoanalytische Biographie der schöpferischen Persönlichkeit. In H. Kraft (Hrsg.), *Psychoanalyse, Kunst und Kreativität heute* (pp. 38-63). Köln: DuMont.

Kutschbach, D. (1996). *Der Blaue Reiter im Lenbachhaus München*. München, New

York: Prestel.

Langer, S. (1985). *Philosophie auf neuem Wege–Das Symbol in Denken, im Ritus und in der Kunst.* Frnkfurt am Main: Fischer.

Leuteritz, A. (1997). Kunstwahrnehmung als "Rezeptive Kunststherapie". In P. Baukus, & J. Thies (Hrsg.), *Kunsttherapie* (pp. 275-282). Stuttgart: Fischer.

Loewald, H. W. (1988). *Sublimation–Inquires into theoretical psychoanalysis.* New Haven & London: Yale University Press.

Majer, H. (2006). Glück und Begegnung // Kunst und Therapie. In P. F. Matthiessen, & D. Wohler (Hrsg.), *Die schöpferische Dimension der Kunst in der Therapie* (pp.8-17). Frankfurt am Main: VAS.

Majer, H. (2015). Künstlerische Kompetenzen in Wahrnehmungs-, Handlungs- und Reflexionsprozessen der Kunstherapie. In H. Majer, L. Niederreiter, & T. Staroszynski (Hrsg.), *Kunstbasierte Zugänge zur Kunsttherapie* (pp. 49-61). München: Kopaed.

Marc, F. (1982). *Briefe aus dem Feld* (pp. 8-17). München: Piper.

May, R. (1975/1999). 창조와 용기(*The Courage to Create*). (안병무 역). 서울: 범우사.

Mees-Christeller, E. (1996). *Heilende Kunst and Künstlerishes Heilen.* Dornach: Die Pforte.

Mees-Christeller, E. (1988/2004). 루돌프 슈타이너의 인지학 예술치료(*Kunsttherapie in der Praxis*). (정정순, 정여주 공역). 서울: 학지사.

Morris, C. W. (1946). *Signs, Language and Behavior.* New York: Prentice-Hall Inc.

Müller-Braunschweig, H. (1984). Aspekte einer psychoanalytischen Kreativitätstheorie. In H. Kraft (Hrsg.), *Psychoanalyse, Kunst und Kreativität heute* (pp. 122-145). Köln: DuMont.

Museum Folkwang Essen (1989). *Paul Klee Späte Zeichnungen 1939.* Essen:

Museum Folkwang Essen.

Nolde Stiftung Seebüll (1987). *Emil Nolde*. Seebüll: Nolde Stiftung Seebüll.

Noy, P. (1968). A Theory of Art and Aesthetic Experience. *Psychoanalytic Review*, 55. In K. Dannecker (2015). Psyche und Ästhetik (3. Auf.)(p. 20). Berlin: MWV Medizinisch Wissenschaftliche Verlagsgesellschaft mbH & Co.

Noy, P. (1984). Die formale Gestaltung in der Kunst: Ein ich-psychologischer Ansatz kreativen Gestaltens. In H. Kraft (Hrsg.), *Psychoanalyse, Kunst und Kreativität heute* (pp. 180-205). Köln: DuMont.

Ott, G. H. (1997). Bildende Kunst in der Medizin: Wortlose Hermeneutik zwischen Arzt und Patient. In P. Baukus & J. Thies (Hrgs.), *Kunsttherapie* (pp. 269-274). Stuttgart: Fischer.

Palmer, R. E. (1969/2011). 해석학이란 무엇인가(*Hermeneutics*). (이한우 역). 서울: 문예출판사.

Parsons, M., & Blocker, H. G. (1993/1998). 미학과 예술교육(*Aesthetics and Education*). (김광명 역). 서울: 현대미학사.

Petzold, H., & Sieper, J. (1991). Kunst und Therapie, Kunsttherapie, Therapie und Kunst-Überlegungen zu Begriffen, Tätigkeiten und Berufsbildern. In H. Petzold & I. Orth (Hrsg.), *Die neuen Kreativitätstherapien, Bd.* I (pp. 169-186). Paderborn: Junfermann.

Platon (2015). 플라톤/국가(*Platon/Politeia*). (천병희 역). 경기: 도서출판 숲.

Read, H. (1968). *Erziehung durch Kunst*. München: Knaur.

Read, H. (1972/2007). 예술의 의미(*The Meaning of Art*). (박용숙 역). 서울: 문예출판사.

Richter-Reichenbach, K-S. (2004) *Kunsttherapie*. Münster: Daedalus Verlag.

Riedel, I. (1992/2000). 융의 정신분석학에 기초한 미술치료(*Maltherapie*). (정여주 역).

서울: 학지사.

Riedl, P. A. (1983/1998). 칸딘스키(*Wassily Kandinsky*). (박정기 역). 서울: 한길사.

Rogers, C. R. (1991). Auf dem Wege zu einer Theorie der Kreativität. In H. Petzold & I. Orth (Hrsg.), *Die neuen Kreativitätstherapien, Bd.* I (pp. 237–256). Paderborn: Junfermann.

Rufolo, D. (2018). Aesthetic Empathy and Salutogenesie through Beauty. In H. Duncker, R. Hampe, & M. Wigger (Hg.), *Gestalten–Gesunden.* (pp. 130–140). Freiburg/München: Verlag Karl Alber.

Ruskin, J. (1857). The Elements of Drawing. In J. Ruskin, *The Works. 34 vols.* E. T. Cook & A. Wedderburn (Eds.). London 1903–12. vol. XV. p. 27.

Sarbia, K. (2015). Bildwahrnehmung als kunsttherapeutische Praxis. In H. Majer, L. Niederreiter, & T. Staroszynski (Hrsg.), *Kunstbasierte zugänge zur Kunsttherapie* (pp. 187–198). München: Kopaed.

Scheff, T. J. (1972). *Explosion der Gefühle. Über die kulturelle und therapeutische Bedeutung kathartischen Erlebens.* Weinheim: Beltz.

Schiller, F. (1802/2000). 쉴러의 미학 · 예술론(*Kallias oder Über die Schönheit, Über die Anmut und Würde*). (장상용 역). 인천: 인하대학교 출판부.

Schmalenbach, F. (1965). *Käthe Kollwitz.* Königstein im Taunus: Die Blauen Bücher.

Schmeer, G. (1995/2004). 그림 속의 나(*Das Ich im Bild*). (정여주, 김정애 공역). 서울: 학지사.

Schmeer, G. (2006/2011). 정신분석적 미술치료(*Krisen auf dem Lebensweg: Psychoanalytisch–systemische Kunsttherapie*). (정여주, 김정애 공역). 서울: 학지사.

Schopenhauer, A. (1859/2019). 의지와 표상으로서의 세계(*Die Welt als Wille und*

Vorstellung). (홍성광 역). 서울: 을유문화사.

Schuster, M. (2000). *Kunstpsychologie: Kreativität–Bildkommunikation–Schönheit*. Baldmannweiler: Schneider–Verl.

Schuster, M., & Woschek, B. P. (1989). *Nonverbale Kommunikation durch Bilder*. Göttingen: Hogrefe.

Sinapius, P. (2015). Über die Funktion des Bildes: Ein Paradigmenwechsel in der Kunsttherapie. In H. Majer, L. Niederreiter, & T. Staroszynski (Hrsg.), Kunstbasierte zugänge zur Kunsttherapie (pp. 65-78). München: Kopaed.

Staroszynski, T. (2015). Zeitgenössiche Formen der Bildproduktion in der Kunsttherapie. In H. Majer, L. Niederreiter, & T. Staroszynski (Hrsg.), Kunstbasierte zugänge zur Kunsttherapie (pp. 273-284). München: Kopaed.

Steiner, R. (1921/1991). *Das Wesen der Farben*. Dornach: Rudolf Steiner Verlag.

Stone, E. (2018). The borrowed image in art therapy with psychiatric patients. In K. Dannecker (Ed.), *Arts Therapies and New Challenges in Psychiatry*. New York: Routledge.

Tolstoy, L. N. (1897/2007). 예술이란 무엇인가(*What is art?*). (동완 역). 서울: (주) 신원문화사.

Wickelhaus, B. (2006). Kunstbegriff und Therapieverständnis in aktuellen kunsttherapeutischen Konzepten. In P. F. Matthiessen & D. Wohler (Hrsg.), *Die schöpferische Dimension der Kunst in der Therapie* (pp. 141-157). Köln: Maternus.

Winner, E. (1982/2004). 예술심리학(*The psychology of the arts*). (이모영, 이재준 공역). 서울: 학지사.

Winnicott, D. W. (1992). *Familie und individuelle Entwicklung*. Frankfurt am Main: Fischer Taschenbuch Verlag.

Wittgenstein, L. (1977/2019). 루트비히 비트겐슈타인 색채에 관한 소견들(*Bemerkungen über die Farben/Remarks on Colour*). (이영철 역). 서울: 필로소픽.

찾아보기

내용

저자 소개

정여주(Chung, Yeo Ju)
독일 쾰른대학교(Universität zu Köln) 교육학 석 · 박사
미술치료전문가, 아동심리치료 전문가, 아동상담지도감독 전문가
전 서울여자대학교 교수, 원광대학교 초빙교수 등
현 차의과학대학교 미술치료대학원 원장
　정여주 미술치료연구소 소장

〈주요 저서 및 역서〉
미술교육과 문화(4판, 공저, 학지사, 2020)
노인미술치료: 이론과 실제(2판, 학지사, 2018)
어린왕자 미술치료(학지사, 2015)
만다라와 미술치료(2판, 학지사, 2014)
미술치료의 이해: 이론과 실제(2판, 학지사, 2014)
만다라 미술치료: 이론과 실제(학지사, 2013)
만다라 그리기 시리즈(학지사, 2010)
미술기반 미술치료 슈퍼비전(공역, 학지사, 2020)
정신분석적 미술치료(공역, 학지사, 2011) 외 다수

홈페이지: www.jbaum.kr

수용적 미술치료에 기초한

명화 감상 미술치료

Art Therapy with Appreciation of Famous Paintings:
Receptive Art Therapy

2021년 6월 20일 1판 1쇄 발행
2023년 1월 20일 1판 2쇄 발행

지은이 • 정여주
펴낸이 • 김진환
펴낸곳 • ㈜ **학지사**

　　　　04031 서울특별시 마포구 양화로 15길 20 마인드월드빌딩
대표전화 • 02-330-5114　　팩스 • 02-324-2345
등록번호 • 제313-2006-000265호

홈페이지 • http://www.hakjisa.co.kr
페이스북 • https://www.facebook.com/hakjisabook

ISBN 978-89-997-2423-7　93180

정가 17,000원

출판미디어기업 **학지사**

간호보건의학출판 **학지사메디컬** www.hakjisamd.co.kr
심리검사연구소 **인싸이트** www.inpsyt.co.kr
학술논문서비스 **뉴논문** www.newnonmun.com
교육연수원 **카운피아** www.counpia.com